熠熠星辉

向中国共产党成立 100 周年献礼
上海高校红色往事丛书

上海高校
大师故事

主　编　中共上海市教育卫生工作委员会
　　　　上海市教育委员会

Master Stories of
Universities in Shanghai

上海教育出版社
SHANGHAI EDUCATIONAL
PUBLISHING HOUSE

图书在版编目（CIP）数据

熠熠星辉：上海高校大师故事 / 中共上海市教育卫生工作委员会，
上海市教育委员会编.—上海：上海教育出版社，2021.6
（上海高校红色往事丛书）
ISBN 978-7-5720-0896-2

Ⅰ.①熠… Ⅱ.①中… ②上… Ⅲ.①高等学校－教育工作者－生平
事迹－上海 Ⅳ.①K825.46

中国版本图书馆CIP数据核字(2021)第094803号

责任编辑　陈杉杉　曹婷婷　余　地
书籍设计　美文设计

上海高校红色往事丛书
熠熠星辉：上海高校大师故事
中共上海市教育卫生工作委员会　上海市教育委员会　编

出版发行　上海教育出版社有限公司
官　　网　www.seph.com.cn
地　　址　上海市永福路123号
邮　　编　200031
印　　刷　上海锦佳印刷有限公司
开　　本　787×1092　1/16　印张18　插页2
字　　数　277 千字
版　　次　2021年6月第1版
印　　次　2021年6月第1次印刷
书　　号　ISBN 978-7-5720-0896-2/G·0707
定　　价　89.00 元

如发现质量问题，读者可向本社调换　电话：021-64377165

本书编写委员会

讲好大学故事，传承红色基因

——《上海高校红色往事》丛书前言

习近平总书记指出："历史是最好的教科书。"2021年，我们即将迎来中国共产党成立100周年。回首这一百年，正是中国共产党团结带领人民、紧紧依靠人民，跨过一道又一道沟坎，取得一个又一个胜利，为中华民族作出了伟大历史贡献的一百年。在这个过程中，党领导人民进行28年浴血奋战，打败日本帝国主义，推翻国民党反动统治，完成新民主主义革命，建立了中华人民共和国；党领导人民完成社会主义革命，确立社会主义基本制度，消灭一切剥削制度，推进了社会主义建设；党领导人民进行改革开放新的伟大革命，极大激发广大人民群众的创造性，极大解放和发展社会生产力，极大增强社会发展活力，人民生活显著改善，综合国力显著增强，国际地位显著提高。一百年来，党领导人民让具有五千多年历史的中华文明在现代化进程中焕发出新的蓬勃生机，让科学社会主义在21世纪焕发出新的蓬勃生机，让中华民族焕发出新的蓬勃生机。回望历史，在学习党史、国史、新中国史、改革开放史中汲取营养，我们更加坚定了"听党话，跟党走"的信念，更加坚定了对中国特色社会主义的信心，更加坚定了时不我待、只争朝夕建设更强大国家的使命感和责任感。

中国共产党走过的一百年，是党带领广大知识分子奋发图强、读书报国、教育兴国、科技强国的一百年；也是党带领人民进行办学实践，不断丰富教育理念，不断完善教育政策，不断推动中国特色社会主义教育取得辉煌成就的一百年。要全面了解一个国家、一个民族、一个社会、一个政党，必须了解其历史，知道它是怎么来的，又将往何处去。以史知今，需要打开一扇窗户，激励我们更加执着前行。我们编纂《上海高校红色往事丛书》，就是为了以管窥豹，从师生身边的人、物、事、史出发，从中国高等教育的缩影——上海高等教育史出发，透射中国100多年近代史、新中国72年成长史和改革开放42年发展史，引领广大师生透过党领导高等教育的不凡历程，深切感受党领导人民取得伟大成就的来之不易，深刻体会"没有共产党就没有新中国"的深刻含义。

上海是中国共产党的诞生地和初心始发地，也是中国高等教育的发源地之一，上海高等教育的发展历程与党的成长历程可以说是相生相伴，同心同向。1840年鸦片战争以后，为改变近代中国积贫积弱、民族内忧外患、人民生灵涂炭的面貌，一批仁人志士在上海以各种形式创办大学、学院等本专科高等学校，喊出了"教育救国"的口号，马相伯、陈望道、李国豪、穆汉祥、史霄雯、周宝训、刘湛恩等一大批铭刻历史的模范人物纷纷涌现。如同中国共产党的诞生使中国革命找到了正确道路一样，也正是有了中国共产党的领导，中国当代高等教育才迎来了最好的发展时机。从1949年中华人民共和国成立到改革开放，再到中国特色社会主义进入新时代，中华民族从站起来、富起来到强起来，在这个伟大征程和历史巨变中，上海高校始终坚持贯彻落实党的教育方针，坚持为党育人、为国育才，努力培养德智体美劳全面发展的社会主义建设者和接班人；上海高校始终坚持改革创新精神，以排头兵先行者的姿态，推动教育教学、科学研究、服务社会、对外交往和文化传承创新蓬勃发展，成为推动社会进步和生产力发展的重要动力源泉；进入新世纪以来，上海高校始终围绕党和国家中心任务，围绕上海建设具有全球影响力的社会主义国际化大都市，努力写好奋进之笔，齐心唱好奋进之歌，书写了一页页灿烂篇章。蕴藏在上海高校中的那些历史档案、红色地标、经典建筑和大师故事，成为见证历史辉煌、承载历史记忆、传承红色基因、延续文化传统、厚植理想信念的生动载体，成为新时代开展理想信念、爱国主义和社会主义核心价值观教育的珍贵素材。

历史是过去的现实，现实是未来的历史。当前，全市教育系统正在深入学习贯彻习近平新时代中国特色社会主义思想，按照中央和市委统一部署，深入推进党史学习教育，牢记初心使命，奋力走好新时代的长征路。在此背景下，上海市教育卫生工作党委牵头，推动上海交通大学、同济大学、上海财经大学、上海大学、上海戏剧学院等高校，从建筑楼宇、文博藏品、红色遗迹、大师精神等方面入手，充分挖掘上海高校红色资源，讲好大学故事，大力弘扬爱党爱国精神，编辑出版《上海高校红色往事丛书》，让红色基因融入师生血脉、根植师生心中，使红色基因代代相传。

习近平总书记指出："历史总是要前进的，历史从不等待一切犹豫者、观望者、懈怠者、软弱者。只有与历史同步伐、与时代共命运的人，才能赢得光明的未来。"希望通过丛书的编辑出版，把上海高校里的红色文化资源镌刻成隽永故事，使大学精神在全社会发扬光大，成为弘扬正能量的参天大树，激励广大师生和社会大众把个人命运融入党和国家事业之中，与时代同呼吸，与祖国共命运，努力担负起推动民族伟大复兴的使命责任，努力创造无愧于时代、无愧于祖国、无愧于人民的精彩华章。

丛书编委会

2021 年 3 月

讲好大学故事，传承红色基因

序

大学之大，从来不在于有大楼，不在于物理空间之阔大，而在于有大师。山不在高，有仙则名；水不在深，有龙则灵。

我们呼唤大师、渴求大师，但另一方面，长期以来我们对上海高校中灿若群星的大师们却了解得并不多，理解得并不深。"大师"这座富矿，在一定程度上沉睡着。

从2014年开始，上海市教卫工作党委和市教委实施了上海高校"向大师致敬——大师系列校园剧"扶持计划。7年来的实践证明，"大师剧"项目是让大师资源"活"起来的一种有益的尝试。

大师很博大，却并不遥远，用什么样的路径才能让人们，特别是高校师生更好地走近大师？这一项目的创新处之一，是大胆地采用了戏剧的方式。戏剧的核心在于扮演，而扮演堪称人类最古老的艺术活动之一。通过戏剧的表演，大师们纷纷从静态的历史资料中"走"了出来。大师不仅是传奇，更是有血有肉的人，唯有使师生们充分认同了这一点，大师的奋斗和追求、精神和风范才能更好地被接受与传承。同时，戏剧更是一种极具仪式感的艺术表现形式。大师剧，既使大师们以"活"的形象再现于人们的面前，又以仪式之美完成对人们心灵的净化和精神的升华。大师对于今天的我们，意义也正在于此。

"大师剧"项目在发展过程中，"1＋N"的合作模式起到了一定的助推作用。"1"，是上海戏剧学院作为高校大师系列校园剧扶持计划的具体承办和协调单位，派出专业力量前往各相关高校提供艺术支持；"N"，是指创排大师剧的各高校培育自己的创作演出力量,保障本校大师剧项目的可持续发展。

这一模式的建立,为大师剧项目的发展探索出了操作性强、可行性高且有效率的运行机制,同时更与立德树人、与文化人的使命高度契合。大师剧的意义,绝不只是演一出戏,而是要让大师们"活"起来,同当代人产生共鸣,化为激励我们前行的精神力量与人格启迪。因此,在追求一定艺术性、专业性的同时,大师剧项目更要致力于使各相关高校能真正地用好、用足,而不是演出几场之后便束之高阁。从这个意义上说,"1"是必不可少的,而"N"则更加重要。有了广大高校师生的参与,大师剧的意义才能真正地彰显出来,大师精神才真正可能在上海高校中被广泛弘扬、不断传承。师生即演员,观演即受教。有的同学在排演完后说:"我深深感受到大师剧并不单单是一场文献剧,更蕴含着每座学府的魂。"有的大学生在观看完演出后表示:"排一个剧可能比上一年课效果还好!这,就是我们要的'大师剧'。"

截止到2020年底,上海高校已经成功创排大师剧作品19部。这些名字无疑是令人振奋的:《钱学森》《刘湛恩》《钱宝钧》《裘沛然》《雷经天》《蔡龙云》《贺绿汀》《熊佛西》……

这份大师剧的名单还会继续添加,而大师剧的育人效应也必将更加充分地释放出来,我们为此而满怀期待。

是为序。

上海戏剧学院

2021年5月

目录

熠熠星辉
——上海高校大师故事

千秋巨笔　一代宗师

——复旦大学老校长陈望道

大师生平：

陈望道（1891—1977），原名陈参一，字任重，出生于浙江义乌分水塘村。陈望道是《共产党宣言》中文全译本首译者，五四新文化运动的积极推动者，著名的社会活动家、修辞学家、语言学家、教育家。

主要贡献：

（1）1920年4月，完成《共产党宣言》中文全译本翻译，参与了中国共产党的创建，之后从事党的文化教育工作，是我国早期传播马克思主义思想的先驱。

（2）1920年9月，陈望道走上复旦讲台，此后在复旦大学执教50余年，担任校长25年，是新中国成立后复旦大学首任校长。他关心爱护复旦师生，为弘扬教育事业、培育栋梁之材、树立优良学风、倡导学术研究倾注了毕生心血。

（3）陈望道是《辞海》第二任主编，著有《修辞学发凡》《作文法讲义》《美学概论》《因明学》《文法简论》等著作。其中，《修辞学发凡》被誉为"中国现代修辞学的里程碑"。

（4）陈望道曾任全国人大常委、全国政协常委、民盟中央副主席等职，1955年被选为中国科学院哲学社会科学学部常务委员。

师魂唱响

　　学风是学校工作中最广泛、最基本的问题，涉及科学研究、教学、实验、搜集与爱护资料等问题……学风问题一定要有所"破"、有所"立"。什么是不行的？什么是行的？"不破不立"是毛泽东主席在《整顿党风、学风、文风》的整风讲话中提出的，着重在"破"，不正派、不正确的要"破"。

　　　　　　　　——1963年陈望道在复旦大学学风问题校务扩大会议上的发言

　　现在中国新闻教育机关急需解决的问题似乎有两个：一个是如何充实教学的设备与内容，使有志于新闻事业的青年更能学以致用。二是如何与新闻事业机关取得更密切之联系，使学与用更不至于脱节。筹建新闻馆是想尝试解决第一个问题的一部分，以为解决第二个问题的基础。

　　　　　　　——1945年陈望道在复旦新闻馆落成典礼上的讲话《新闻馆与新闻教育问题》

师者故事

一、求学之路，艰苦奋斗

　　陈望道6岁至15岁在村里私塾学习四书五经，从人学习拳术，16岁到义乌绣湖书院学习博物，18岁到金华府中学学习数理化。中学毕业后，进入之江大学学习英语，随后赴日留学4年半。

　　1915年到达日本后，陈望道先在预备学校学了一段时间日语，随后白天在东洋大学、早稻田大学和中央大学读书，晚上在物理夜校学习。留日期间，他如饥似渴地学习哲学、法学、文学、伦理学和数理化，同时积极参加中国留日学生会组织的各项爱国运动，时刻关注着中国的前途命运。在早稻田大学读书期间，他结识了在该校兼职的日本早期社会主义者河上肇、山川均等人。陈望道很喜欢读他们从苏俄翻译过来的马克思主义文章，从而接受了马克思主义新思潮。此后，他开始考虑中国是否也可以走俄国十月革命的道路。

图 1-1
陈望道 1915 年留学日本，并于 1919 年获中央大学法科学士学位

二、一师风潮，时代先驱

1919 年五四运动爆发后，陈望道毅然回国，在浙江省立第一师范学校担任国文教员，与刘大白、夏丏尊、李次九一起实施语文改革，提倡白话文，反对文言文，鼓励学生办各种进步刊物。在改革中，他的学生施存统写了一篇名为《非孝》的文章，引发了震惊中外的"一师风潮"，而"一师风潮"的实践，也使陈望道下定决心，回乡翻译《共产党宣言》。正如他自己所说："我也就在这次运动的启发下，决心回到分水塘村进修马克思主义，试译《共产党宣言》。"

三、首译宣言，点亮信仰

1920 年三四月间，经邵力子推荐，应《星期评论》编辑戴季陶之约，陈望道回到义乌分水塘村专心翻译《共产

3

党宣言》中译本。

为了能避开各种干扰静下心来译书，他躲进了离住宅不远处的柴屋内。柴屋年久失修，漏风漏雨，屋里除了一块铺板和两条长凳，什么都没有。分水塘村早春天气十分寒冷，尤其到了晚上，冻得他手脚发麻。因为译书经常要熬夜，没几天，陈望道就瘦了不少。陈望道的母亲十分心疼，特地包了粽子，配了些红糖水，想给陈望道补补身体。她把粽子和红糖水送进去后，过了一会儿，在屋外问道："是不是还要加点糖？"就听陈望道说："够甜，够甜了！"等到陈望道母亲进去收拾碗碟的时候，看到陈望道满嘴都是黑乎乎的，原来是他把砚台里的墨汁当红糖水蘸着粽子给吃了！

就是这样全然忘我，一个字一个字地斟酌，一个字一个字地推敲，在 1920 年 4 月底陈望道终于完成了《共产

图 1-2
2019 年任重书院大师剧《陈望道》剧照"柴房翻译《共产党宣言》"

熠熠星辉
——上海高校大师故事

党宣言》的全文翻译工作。之后的校订工作陈望道同样倾注了巨大的心力，后来当读者致信《星期评论》原编辑沈玄庐询问《共产党宣言》发行情况时，沈先生表示译书"花了比平时多五倍的功夫"。

《共产党宣言》中译本于 1920 年 8 月首次出版，它的翻译和出版推动了建党的进程。1920 年 5 月，陈独秀、李汉俊、李达、陈望道等人组织马克思主义研究会，6 月建立起共产党早期组织，陈望道担任劳工部长。为了扩大马克思主义的宣传，他同时也担任早期党组织党刊《新青年》和《共产党》《劳动界》等刊物的编辑。

陈望道先生积极参与和推动中国共产党的成立，是中国共产党最早的一批党员之一。1921 年中国共产党成立后，陈望道出任中共上海地方委员会第一任书记，为中共上海地方党组织的党建工作作出了开拓性的贡献。

四、复旦任教，为国治学

1920 年 9 月，陈望道来到复旦大学任教，历任中国文学教员、中文系主任、新闻系主任、文学院院长等职，在修辞学和新闻学两个领域都作出了巨大的学术贡献。

1. 一位伟大的语言学家

陈望道先生毕生从事文化教育和语文研究工作，是中国现代修辞学的开拓者和奠基人，也是中国语言文字改革的引火者，为创建中国自身的语言学体系开辟了道路。陈望道先生创立了中国第一个科学的修辞学体系，开拓了修辞研究的新境界。他也是中国文法革新问题的发起者和

图 1-4
《共产党宣言》首个中译本首
次出版

熠熠星辉
——上海高校大师故事

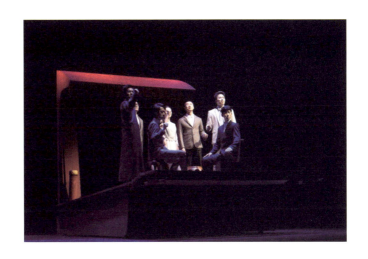

图 1-5
2019 年任重书院大师剧《陈望道》剧照"南湖会议"

组织者、语文改革的积极主张者和实践者、"大众语运动"的倡导者和促进者,对文法革新、语文改革、文字改革和推广普通话工作都作出了积极贡献。他还是最早在刊物上提倡使用新式标点符号的学者之一。

陈望道先生来到复旦任教时,即开设了文法、修辞课程。1955 年 12 月,他还在复旦大学筹备了语法、修辞、逻辑研究室,1958 年改名为语言研究室。

陈望道先生撰写和翻译了许多论文和著作,几乎涉及了社会科学的各个领域。他的论文和著作已由复旦大学语言研究室编成《陈望道文集》3 卷(第一卷 1979,第二卷 1980,第三卷 1981,上海人民出版社)、《陈望道语文论集》(1980,上海教育出版社)和《陈望道修辞论集》(1985,安徽教育出版社)。他也是旷世著作《辞海》的主编,还撰写了《漫谈〈马氏文通〉》《修辞学发凡》和《文法简论》等著作。

其中，陈望道先生所著的《修辞学发凡》出版于1932年，全书共分12篇，分别讲述修辞学的各个方面，引例丰富，归纳系统，阐释详明，在其开设10年的"修辞学"课程讲义之上经过多次修改编写和重印再版，每一版本他都反复推敲，融入新的元素，加入新的内容，倾注了大量的心血，在修辞学研究上融合中外、贯通古今、创新理论、缔造体系，是我国现代修辞学的奠基之作。

《文法简论》是陈望道先生在生命的最后阶段以惊人的毅力在病榻上完成的。他还关照家人务必把他的全部藏书捐给学校。学校图书馆反馈的捐赠清单共计91页，内含逾2240本书籍。在语言学的一方天地里，陈望道先生终其一生将信仰的力量融汇其中，一丝不苟，精耕细作。

2. 中国新闻教育的先驱者

陈望道先生在新闻学领域同样有着极大的贡献。他

图1-6
1932年《修辞学发凡》出版

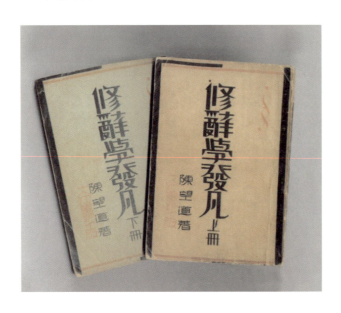

熠熠星辉
——上海高校大师故事

在复旦大学新闻系提出了"宣扬真理、改革社会"的办学方针以及"好学力行"的新闻系系铭,强调学行并重是对新闻人根本的要求,促进了复旦大学新闻系的蓬勃发展。

1920年9月,陈望道先生在复旦大学当时的中国文学科任教,开设了文法、修辞课程。1924年起,他又开设了美学、因明学和新闻学讲座等课程。1927年,陈望道先生任中国文学科主任后,把原有的新闻学讲座扩充为新闻学组,特聘名人讲授"新闻编辑""报馆组织""新闻采访"与"新闻学"等专业课程。在此基础上,1929年复旦大学调整系科时,陈望道先生将原来的中国文学科分成为中国文学系和新闻学系两个系,复旦大学就此成立新闻学系。1942年夏,陈望道先生正式接任复旦大学新闻系主任一职。

从1943年秋到1947年,陈望道先生支持复旦大学新闻系在重庆北碚夏坝每周六举行时事分析、问题讨论、学

图1-7
陈望道为新闻系亲拟系铭"好学力行"

千秋巨笔,一代宗师
——复旦大学老校长陈望道

术研究的"新闻晚会"。晚会的主题与国家前途相关,有"新闻与政治""我们的出路何在""中国将向何处去"等,成为一个各学科学术理论思想碰撞与交流的平台。据统计,晚会前后举办过100多次,陈望道常去,周谷城、邵力子都曾参加过,重庆记者也常来。借用"新闻晚会"这一形式,哲学、政治学、文学、社会学等各学科的专业知识被引入,让新闻学可以从其他学科中汲取营养。晚会虽然是新闻系主办,但真理是没有学科边界的,这种追求真

图 1-8
1942 年陈望道担任复旦大学
新闻系主任

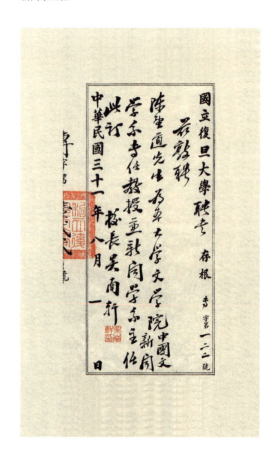

熠熠星辉
——上海高校大师故事

理和跨学科融合的精神一直延续到了 1949 年以后学者们的探索中。

为了实现"宣扬真理，改革社会"的办系方针，培养出"有巩固基础、有发展前途的新闻文字工作者"，望道先生首先进行了课程改革，主张广博知识、学有专长。他将学生按照兴趣分成不同小组，如文史哲组、财政金融组、政治外交组等，学生根据分组要求选修不同课程。与此同时，陈望道先生邀请不同学科、不同专业领域、不同学术流派、不同政治立场的学者前来新闻系开讲座、授课。在兼容并包的精神引领下，让真理上台。

为解决学生实习的困难，陈望道恢复了原有的复旦新闻通讯社，并且自任社长、出版《通讯稿》刊物，由学生当编辑，每周五发油印稿一次，免费提供给重庆各大报社使用。他还鼓励学生办壁报——一种实习性质的刊物，所办的壁报有《夏坝风》等 30 多种。望道先生要求学生去人多的地方（如茶馆等）练习写作，要求学生随时注意身边发生的事情，以培养敏感性。有一次陈望道上课时，他不急着上课，而提出了一个问题要求同学们回答，他问："哪一位同学能告诉我，我们每天来上课要经过的那座桥，两边的护杆有几根？"同学们面面相觑，没有一个人举手回答。陈望道严肃地说："我们作为未来的新闻人，要随时注意身边的事情，要有敏感性。"

为了实现"理论与实际相结合"这一办学理念，在课程设置上，陈望道先生把哲学原理、伦理学（也就是逻辑学）作为必修课，希望学生能学会辩证地看问题，具有逻辑思维的能力；同时开设了注重实用、与社会需求紧密相连的新闻采访、新闻编辑、新闻英语写作、新闻评论和报馆实习等专业课程。在聘用师资方面，除了邀请有办报经历的人做专职教师，邀请新闻名家做兼职教师外，还经常请于右任、邵力子、叶楚伧、王芸生等知名人士来校作短期讲课、作专题报告、开座谈会等。他自己除了开设修辞学、伦理学课程外，还讲授新闻专业课"评论练习"。他提出新闻评论写作必须有胆有识：胆，就是要有敢讲真话的胆量；识，就是所讲的话要有见地。

为了"使有志于新闻事业的青年更能学以致用"，陈望道先生于 1944 年开始募集资金，创办当时中国高校的第一座新闻馆。为了筹集资金，在炎热的夏天，陈望道先生中午以烧饼充饥，晚上睡在朋友家臭虫很多的床上。因为过度疲劳，他卧病了一个多月。1945 年 4 月 5 日，他亲自募捐筹建的新闻馆终于落成。《新华日报》发来了"为新闻自由而奋斗"的贺电,于右任也发来了"新闻自由万岁"的演讲词。新闻馆特别挂了两幅字,馆内是系训"好学力行",门口是一副对联"复旦新闻馆,天下记者家"。新闻馆设有编辑室、会议室、印刷所、图书室以及收音广播室等,为新闻系的教学实习提供了一个良好的基地。陈望道先生还带领学生利用新闻馆的设备坚持收听延安新华广播电台的广播,复旦校园在当时被誉为"夏坝延安"。

五、担任校长,建设学校

陈望道先生是一位德高望重的学者,也是一位平易近人的校长。1952 年至 1977 年间,陈望道先生担任复旦大学校长,时间长达 25 年之久。在复旦大学斑驳陆离的树影中,陈望道老校长为复旦大学的发展和建设忘我工作,将复旦大学打造成了江南第一学府,也为新中国的高等教育事业作出了重要的贡献。

全国院系大调整期间,复旦大学迎来了新中国成立后的第一次重大发展机遇。当陈望道先生得知上海市高教局

图 1-9
复旦新闻馆

熠熠星辉
——上海高校大师故事

以"苏联只有党校才能办新闻系"为由要停办复旦新闻系
后，两次专程去北京，先找到教育部，教育部说没有办法，
他又去找周恩来总理。总理请示毛泽东主席后，主席说：
"既然陈望道要办，就让他办。"这样复旦新闻系才得以保
留下来，成了全国新闻院系中历史最悠久、唯一薪火不断
的院系。在这次大调整中，陈望道先生胸怀全局，团结来
自各地各界的专家学者。一大批知名教授、学者云集复
旦，使学校迎来了新一轮的腾飞发展。陈望道校长为实现
复旦大学的平稳过渡和新的历史性发展做了大量的工作。

　　陈望道先生积极倡导校风学风建设。他认为"对于一所
培养社会主义建设人才的全国重点大学来说，除了开展经常
化的科学研究工作，这里还有一个学风和校风的建设问题"。

　　1954 年 5 月 27 日，在复旦大学 49 周年的校庆大会
上，陈望道校长首倡科学讨论会，为推动学术交流、促进

图 1-10
毛泽东签发复旦大学校长任命书

千秋巨笔，一代宗师
——复旦大学老校长陈望道

学科交叉、活跃学术空气、检阅科研工作进展营造了良好氛围。他要求全校师生每年都在这一天，以发表并且检查开展科学研究的成就作为校庆活动的主要内容。直到今天，每年的校庆报告会依然是复旦大学的一个学术传统。

到了1963年，在复旦大学学风问题校务扩大会议上，陈望道先生在发言中讲到："学风是学校工作中最广泛、最基本的问题，涉及科学研究、教学、实验、搜集与爱护资料等问题。有些图书被人'圈'，这也是学风问题。对实验、著作、教书的基本要求是什么，我们要有个基本的要求。"同时，他提到学风问题要有破有立：第一，破掉市侩气；第二，树立优良学风，要多方面长期努力，不仅体现在大的问题上，也要在小的问题上，逐渐成为大学非遵守不可的习惯；第三，学风的树立由集体共同完成，学风有的需教，有的不需教，在有的环境里自会形成，如数学系的学术讨论风气。陈望道先生对学风问题的指示对我们今天仍有很大的教育意义。

六、关爱师生，严于修身

1944年，复旦大学在重庆招生，湖南青年张啸虎报考新闻系，他数学考了零分，但两篇作文（一篇白话文，一篇文言文）都考了100分。作文能考到100分，在复旦大学的考试史上是从来没有的。按照规定，主科只要有一门"吃了零分"，就不能录取。时任新闻系主任的陈望道认为，一个投考新闻系的学生，一支笔能这样棒，应该破格录取。经过他的力争，这位同学被破格录取了。后来张啸虎在辽宁省电台工作，1979年任湖北省社会科学院研究员、文学研究所所长，为后世留下了200余万字的著作。

1947年5月30日，国民党在全市实行大逮捕。为了逃避抓捕，复旦新闻系学生何晓沧来到庐山村17号（今复旦大学第一宿舍17号），陈望道叫他躲到楼上去，自己则坐在楼下客厅里看报纸，一直等到后半夜特务撤走后才叫何晓沧离开。

1948年8月，为抗议国民党非法搜查，地下党员杨贵昌发动同学签名，全校罢课一天，当时被称为"杨贵昌事件"。后来杨贵昌被捕入狱，他请人带了张字条给陈望道，希望学校能给他出证明保释他出狱。陈望道先生为他出具了品学兼优的证明，并让时任校长也签了名，杨贵昌因此被保释出狱。

新中国成立后，外省考入复旦大学的学生，迁户口的时候户主一栏填的都是陈望道。陈望道像亲人一般惦念着师生的户口问题。当时复旦大学隶属于上海宝山县郊区，粮油、副食品供应都比市区差，复旦职工子女读书升学就业也不方便。陈望道先生病危弥留之际，仍心系学校和师生，全不谈个人私事，惦念着复旦师生户口划归市区，惦念着复旦周边环境改善。在他的努力下，这一问题终于在其去世后不久得到了解决。复旦师生的郊区户口获准转为城市户口，师生的待遇得到提高，也能更加安心地进行教学科研和学习研究。

陈望道先生的生活作风十分简朴。他的旧居位于复旦大学第九宿舍东边一隅，大门正朝国福路，门牌号 51 号，原是一位资本家的花园，一座 300 多平方米的三层小楼。当时家里只有三口人的陈望道左思右想也不愿意住进这样的豪宅。后来经与学校协调，小楼底层作为语法、

图 1-11
位于上海市国福路 51 号的《共产党宣言》展示馆（陈望道旧居）

15

逻辑、修辞研究室，陈望道才同意迁入。不久后，大客厅也作为会客和研究室开会用，大客厅隔壁两个房间作为研究室的办公室用，配电间和衣帽间则为研究室的资料、书报存放室。

至今，复旦大学师生中仍然流传着关于陈望道先生的各种故事。当时，人们经常看到他在校园里散步，他说："我是校长，在学校里多走走，可以让大家认识我，有什么事情就可以及时向我反映，我也可以了解更多的情况。"

学生们回忆陈望道校长，觉得望老沉默寡言，性格就像"热水瓶"，私下里都叫他"老夫子"。就是这样一个"老夫子"，兢兢业业地为复旦倾注了几十载的心血。

师道感悟

对我一生影响最大的有三本书，分别是陈望道翻译的《共产党宣言》，考茨基的《阶级斗争》，柯卡普的《社会主义史》。《共产党宣言》我看了不下一百遍，遇到问题，我就翻阅马克思的《共产党宣言》。

——毛泽东在延安窑洞里与美国记者斯诺的对话

陈望道先生，我们都是您教育出来的。

——周恩来在 1949 年第一次全国文代会上的讲话

我的入门老师是《共产党宣言》和《共产主义 ABC》。

——邓小平 1992 年南方谈话

为了不让学生绕个大圈子来学校，望老在复旦 60 周年校庆的时候新建邯郸路 220 号校门，经费不够了，他就自己慷慨解囊。当时预算要两万余元，学校却只有一万元的投入，为此陈望道捐出了自己积攒多年的稿费一万多元。因此，1991 年望道先生诞辰 100 周年时，曾有知情的教师建议将现在的复旦校门命名为望道门，以为纪念。

——陈望道先生的学生与秘书蓝聚萍回忆

1956年，我考入复旦大学。不久被校学生会任命为大型墙报《复旦学生》主编，并负责筹建创刊号。出版前，编辑部拟请陈望道校长题词，以增光宠。于是我去校办找望老，望老在百忙中接见了我。他和蔼地听我讲明来意后，立即答应说，你过几天来校办取吧。我深为望老的平易近人所感动，因为在一个大学生眼中，校长是高不可攀的，想不到他竟如此爽快地答应了我的请求。不久，我果然拿到了他在一张宣纸上题写的"红透专深"四个大字。不几日，以几块黑板为底板的《复旦学生》创刊号问世，工整漂亮的毛笔字抄写，美工勾边，而最醒目的报头位置则贴上陈校长的题词。墙报一放到复旦"南京路"，立即吸引了师生的注意。那天，墙报前人头攒动，同学们你推我搡地争相欣赏陈校长的题词，体会着题词的意义。

——复旦大学中文系教授宗廷虎
《"红透专深"的标杆——记陈望道先生》

望老对待学生十分亲切，但对待自己的家人却不宽

图1-12
复旦大学邯郸路校门

千秋巨笔，一代宗师
——复旦大学老校长陈望道

松。陈振新（望老收养的二弟的儿子）刚来上海时成绩不理想，望老在家长意见栏里曾工整地写道："新从乡间来沪，语言尚且生疏，稍久当有进步。"后来陈振新报考复旦，结果成绩差了3分，领导暗示是否招进来，陈望道也没有去开这个后门。在陈振新到复旦工作前，陈望道说："你要严格要求自己，努力工作，一般复旦老师做错了可以原谅的事情你也不能做。"

——《解放日报》《陈望道：国福路51号里的时光》

在专注、忘我翻译《共产党宣言》的过程中，陈望道逐渐确定了马克思主义为其信仰。此后，为了履行"我信仰马克思主义"的一句承诺，他几十年如一日地奔波在爱国爱民的社会活动中，几十年如一日地奉献在高等教育和学术研究中。他是我国第一个在语法修辞领域运用马克思主义的立场观点进行研究的学者。在50年代时任复旦大学校长期间，他曾在1952年的一次全校大会上，对全校新老同学语重心长地谈道："我们第一不要把马克思主义放在科学之外，马克思主义就是一种科学，而且是一种极其重要的科学，是一切科学的科学，一切工作的科学，对于一切科学、一切工作都有指南的作用，它能帮助我们高瞻远瞩，勇往直前，能够正确认识世界，改造世界。"马克思主义成了陈望道一辈子、从事一切工作的指南。

——陈振新教授在2017年10月29日复旦大学新闻学院陈望道逝世40周年"信仰的味道"专题座谈会上的发言

（撰稿：徐一帆、郑毓文）

熠熠星辉
——上海高校大师故事

国之脊梁

——人民科学家钱学森

大师生平：

钱学森（1911—2009）是享誉海内外的杰出科学家，我国航天事业的奠基人，中国科学院、中国工程院资深院士，中国"两弹一星"功勋奖章获得者。他是我国近代力学事业的奠基人之一，我国系统工程理论与应用研究的倡导人，为我国火箭、导弹和航天事业的创建与发展作出了卓越贡献。

主要贡献：

（1）在美期间，与他人合作完成的《远程火箭的评论与初步分析》，奠定了地地导弹和探空火箭的理论基础；与他人一起提出的高超音速流动理论，为空气动力学的发展奠定了基础。

（2）主持完成"喷气和火箭技术的建立"规划，参与了近程导弹、中近程导弹和中国第一颗人造地球卫星的研制，直接领导了用中近程导弹运载原子弹"两弹结合"试验，参与制定了中国近程导弹运载原子弹"两弹结合"试验，参与制定了中国第一个星际航空的发展规划，发展建立了工程控制论和系统学等学科。

（3）在空气动力学、航空工程、喷气推进、工程控制论、物理力学等技术科学领域作出了开创性贡献。是中国近代力学和系统工程理论与应用研究的奠基人和倡导人。

图 2-1
钱学森像

熠 熠 星 辉
——上 海 高 校 大 师 故 事

师魂唱响

1929 年，钱学森怀揣"科学报国"的理想考入上海交通大学机械工程学院，在交大学习期间，钱学森第一次接触到科学社会主义思潮，加入了党的外围组织，从此树立一生的志向，走上"航空救国"之路。

五年归国路、十年两弹成，曾经的青葱学子成长为国之脊梁、党的科技功臣，不变的是饮水思源、爱国荣校的初心。

人们说，由于钱学森的毅然回国，中国导弹、原子弹的研发至少向前推进 20 年！

面对赞誉，他却说："一切成就归于党，归于集体。""我只是恰逢其时，做了该做的事。"

你们能想象吗？再过两个月，"东风二号甲"载核火箭就要在这茫茫戈壁滩上腾空而起，揭开我国航天技术发展的序幕。你们能想象吗？再过两年，我们居然能在水下

图 2-2
大师剧《钱学森》剧照

国之脊梁
——人民科学家钱学森

潜艇成功发射运载火箭，我国第一枚潜地导弹从深海一跃而起，轰动世界。也许我自己都想不到，在 2007 年的夏天，到我的书房里来拜访我的，就是中国第一位航天员杨利伟。也许我甚至想不到，2008 年，中国的航天员将乘坐着神舟七号载人飞船，实现中国人在太空漫步的梦想！

——摘自大师剧《钱学森》

师者故事

凡有大作为、成大器者，都是能把握社会和国家的脉搏，进而把自己的命运和社会、国家的命运相结合的人。

图 2-3
钱学森在"国家杰出贡献科学家"授奖仪式上接受荣誉证书和鲜花

熠熠星辉
——上海高校大师故事

共和国的科学元勋们，做的都是民族需要的学问、社会需要的学问、国家需要的学问，也正因如此，他们才能获得民族、社会、国家的认可。

钱学森就是其中的一位杰出代表。2011 年 12 月 11 日，钱学森百年诞辰之际，时任中共中央政治局常委李长春同志在参加上海交通大学钱学森图书馆开馆仪式的时候说："像钱学森这样的科学家在我们国家不是代代都有，到目前为止可以说是空前的，虽不能说是绝后，以后还会有，但是起码到现在为止是空前的。他对我们国家、对世界科学的贡献，他爱党爱国的政治品格，创新精神，淡泊名利、无私奉献的情操和境界，都是无可挑剔的。"

人们一般把钱学森科学报国的人生分为三个阶段。第一个阶段为留学美国阶段，从 1935 年至 1955 年。在这个阶段，钱学森作为技术科学的先驱，在应用力学、喷气推进及火箭与导弹研究方面取得了举世瞩目的成就。第二个阶段为奉献航天阶段，从 1955 年至 1982 年。钱学森作为中国航天事业奠基人，在开创中国航天事业的过程中，不仅实现了中国航天跨越式的发展，还提出了一整套既有中国特色又有普遍科学意义的系统工程方法与技术。第三个阶段为金色晚年阶段，从 1982 年直至 2009 年去世。在这一阶段，他涉足社会科学、系统科学、思维科学、人体科学、地理科学、军事科学、行为科学、建筑科学，以及马克思主义哲学等诸多领域，提出了一系列新观点、新思想、新理论。

今天绝大多数人都不会怀疑钱学森的人生是成功的。他的成功原因可以归纳出若干条，仁者见仁，智者见智。或许通过钱学森人生的几次重大选择，当今的年轻人能够获得一点启迪和参考。

钱学森在中学毕业报考大学时，他的父亲让他先听听身边人的意见，再填报志愿。他中学母校的数学老师认为他数学好，应报数学系，将来当数学家；而国文老师认为他的文章写得好，要报中文系，将来当作家；而钱学森的母亲希望他子承父业，学教育；还有老师认为钱学森艺术上有天赋，建议学画画、学作曲，将来当画家、作曲家。而这时的钱学森已有他自己的主意，作出了人生的第一次选择：他要学铁道工程，给中国造铁路。中学时，他经常听老师讲孙中山的《建国方略》。在《建国方略》中，孙中山给出了一整套振兴国家的设想，让衰败的中国迅速复兴，提出要发展交通，尤其要发展铁路交通，让铁路像

国之脊梁
——人民科学家钱学森

人体的血管一样通向国家的四面八方。钱学森受这种观念的影响，想到中国铁路多是外国人铺设的，这方面的人才很缺乏，所以报考了当时全国最好的大学之一——交通大学，学的是铁道机械工程专业。

正当钱学森憧憬着成为詹天佑式的工程师的时候，"一·二八"事变爆发了。1932年1月28日夜，日本上海驻军突袭上海中国守军，遭到中国守军的顽强抵抗。日本人为了消灭这支部队，不惜动用空军狂轰滥炸，由于中国守军没有战场制空权，遭受了巨大伤亡。在校园里目睹着天空中狂轰滥炸的日本飞机，钱学森作出了人生的第二次选择：要改学航空工程。他要学习能打下日本飞机的本事。为此他用业余的时间把校区图书馆里所有航空方面

图 2-4
钱学森 1934 年在上海交通大学的毕业照

熠熠星辉
——上海高校大师故事

图 2-5
钱学森 1935 年 8 月从上海登上"杰克逊总统号"邮轮,怀着"航空救国"的远大理想赴美深造

的书都读完了。钱学森从交通大学毕业后报考国家第二届"庚款留美"公费生,专业是航空工程。他以当年航空专业第一名的成绩被录取,开始涉足航空工程。

钱学森到了美国麻省理工学院航空系读研究生,一年后获航空工程硕士文凭。在学习过程中,他感到当时航空工程的工作依据基本上是经验,很少有理论指导。如果能掌握航空理论并以此来指导航空工程,一定可以取得事半功倍的效果。主意一定,钱学森作出了人生的第三次选择:从做一名航空工程师转为从事航空学术理论的研究。他把自己的想法告诉了父亲,并向当时航空理论研究的最高学府加州理工学院提出申请,只身一人来到学院敲开了后来他的导师冯·卡门教授办公室的门。经过口试,冯·卡门教授对这个年

国之脊梁
——人民科学家钱学森

轻人非常满意,录取了他。

钱学森父亲得知儿子要改学航空理论时,坚决反对。他父亲是 20 世纪初的留日学生,回国后一直从事教育工作。他认为,要彻底改变读书人只动嘴不动手的毛病,就得让儿子从事工程方面的工作,因此,他反对儿子改学航空理论。钱学森面对这种情况,极为困惑。这时,一个人来到了他的身边,就是后来他的岳父、我国近代著名军事理论家蒋百里先生。他受国民政府委派,在美国考察时来到了洛杉矶,看望老朋友的孩子。听了钱学森的倾诉,蒋百里先生非常支持他,说:"我们中国早晚要有自己航空方面的专家,你学航空理论我非常同意,至于你爸爸的想法你不用忧虑,我回去会做通他的工作的。"有了这么一位长辈的支持,钱学森的第三次选择成功地实现了。后来,他很快就成为航空理论方面一位杰出的科学家。随着第二次世界大战的爆发,钱学森在他的导师指导下的一系列学术成果为二战反法西斯同盟国战胜轴心国发挥了应有的作用。

20 世纪 50 年代,钱学森回国,国家作出了要研制中国自己的导弹、火箭的战略决策。有关方面询问钱学森:中国人自己搞导弹行不行?钱学森的答复非常肯定,但并没有料到国家会把研制导弹、火箭的任务交给了他,并且让他来负责、领军、做技术方面的"头儿"。国家的需要使得钱学森作出了人生的第四次选择:从学术理论研究转向大型科研工程建设。钱学森晚年曾经跟他的秘书说:"我实际上比较擅长做学术理论研究,工程上的事不是很懂,但是国家叫我干,我当时也是天不怕地不怕,没有想那么多就答应了。做起来以后才发现原来做这个事困难这么多,需要付出那么大的精力,而且受国力所限只给这么一点钱,所以压力非常大。"但是钱学森既然以国家的需要作为自己工作的选择,就义无反顾把毕生的精力贡献给了祖国的航天事业。经过了半个多世纪的发展,中国跻身世界航天大国之列,弹(导弹)、箭(火箭)、星(人造地球卫星)、船(飞船)、器(深空探测器)全面发展。钱学森出色地完成了国家交给他的任务。

在钱学森归国 50 周年之际,聂荣臻元帅的秘书给他写信:中国航天事业"是中国这 50 年最光彩的事业"!中国航天事业"是中国共产党领导的,在这 50 年中最成功的事业"!中国航天事业"是让中国人最得意、拍胸脯、翘大指,就是没有袜子穿,打着赤脚走50 年也愿意的事业"!回想 100 多年前的中国有边无防,被西方列强肆意宰割,中国人被称为"东亚病夫"，毫无尊严可言。而今天，中国航天事业的成就和中国核事业的成就一起成为中华民族伟大复兴征程中的一座丰碑，成为100多年来中华民族从衰弱、受人欺辱走向强盛的标志。中国自从有了"两弹一星"，外国人再也不能欺负中国人了。

1982年，从行政领导岗位退下来的钱学森年已70多岁了，为国家作出了这么大的贡献，他完全可以休息了，写写回忆录、做做报告……但是钱学森又作出了他人生的第五次选择：再次回到学术理论研究当中。此时全国上下都

图 2-6
1989 年 1 月，钱学森荣获国际技术与技术交流大会和国际理工研究所授予的"小罗克韦尔奖"和"世界级科技与工程名人""国际理工研究所名誉成员"等称号。图为他在国内领奖时的留影

国之脊梁
——人民科学家钱学森

憋着一股劲，要把被"文革"耽误的时间夺回来。钱学森认为，自己没有任何理由置身事外。他以独到的研究角度，从71岁到85岁，在诸多领域进行了不懈的探索。他提出的开放复杂巨系统概念，为系统学的建立奠定了基础；他创建的"从定性到定量综合集成方法"的理论及其实现形式，给出了人们认识和解决复杂巨系统问题所应遵循的方法论和有效途径；他潜心研究系统工程理论，并把该理论从工程系统工程进一步发展成社会系统工程，使之成为社会各领域为取得长期和整体最佳效益而采用的科学方法。

钱学森曾经对他的堂妹、中国人民大学钱学敏教授说："我这些年来和你们一起研究和探讨的这些问题与设想，才是我回国以后开创性的、全新的观点和理念。它的社会意义和对现代科学技术发展的重要性，可能要远远超过我对中国航天的贡献。"

类似的话钱学森对他的孙子也说过："半个世纪前国家

图 2-7
钱学森在办公室留影

熠熠星辉
——上海高校大师故事

让我搞火箭、导弹，后来又搞人造地球卫星。我运用的都是国外发达国家的成熟的理论和技术，没有什么新东西，无非是按国家的要求把它们尽快研制出来就是了，这个没什么。"他还跟他的孙子说，"你记住，如果这点事也叫伟大的话，那么 21 世纪的爷爷将更伟大。"

在上海交通大学钱学森图书馆第二展厅入口处，有一张展示钱学森一生涉足学科领域的时序表，该表列出钱学森涉足的学科领域达 20 多个。涉足学科数量之多、跨度之大，令人震惊！一个科技工作者一生能在一两个领域取得不凡的成就已经很不简单了，而钱学森在涉足的绝大多数学科领域都有不凡的成就。关注钱学森的人们也许会有这样的问题：他为什么能取得这样的成就？他的思维为何有别于常人？其实答案并不复杂：对科学技术的独到理解使他的思维有别于常人。他认为，今天的科学技术是包括马克思主义哲学在内的人类认识客观世界和改造客观世界的整个知识体系。科学技术的研究对象从根本上讲只有一个，那就是整个客观世界。而现在分出的的众多学科部门，只是人们观察问题的出发点和研究问题的着眼点不同而已。我们要充分利用这个知识体系的整体力量和综合优势，应对在现代化建设中遇到的各种挑战。这种理解使他的知识结构不仅有深度、广度，还有高度。这高度指的是对科学发展的远见卓识，指的是创新、智慧。如果我们把深度、广度、高度看作三维结构，那么钱学森就是一位三维科学家，也就是我们通常所说的科学大师或科学帅才。

从更广阔的视野探索钱学森的成功，作为一名中国知识分子所具有的精神境界也是他取得如此成就的原因。他始终关心的是民族的振兴，始终追求的是科学的真理，始终献身的是祖国的现代化事业。科学事业是人类事业中的一项崇高事业，做崇高的事业需要有崇高的思想和崇高的人品。我们如果把他的政治信仰和信念、思想情操和品德以及科学成就和贡献看作另一个三维结构，那么钱学森就是一位人民科学家、一位"国家杰出贡献科学家"。

2012 年从解放军总政治部主任位子上退下来的李继耐上将，在他任总装备部部长时和涂秘书也说过类似的话。他说："在我国亿万富翁名人榜上，虽没有钱学森的名字，但他也是亿万富翁，他是亿万精神财富的拥有者。他其实什么都不必有，只要有'钱学森'这三个字就足够了！"

国之脊梁
——人民科学家钱学森

钱学森曾于 1987 年访问英国，在与当地留学生座谈时，他说道："鸦片战争近百年来，国人强国梦不息，抗争不断。革命先烈为兴邦，为了中华民族的强国梦，献出了宝贵生命，血沃中华热土。我个人作为中华儿女的一员，只能追随先烈的足迹，在千万艰难中，探索追求，不顾及其他。"这段话很好地揭示了钱学森的内心世界。正是胸怀祖国的强盛、民族复兴的理想，给予他无穷的动力，使得他能取得常人难以企及的成就。

　　当我们真正读懂钱学森的人生价值观之时，也便认清了人生的意义和价值，同时找到了成就人生的途径。尽管钱学森已经登上时代的巅峰，让人仰视而难以超越，但仍不失向其学习的必要。因为学习英雄虽然不能复制一个新的英雄，但至少能让我们最大限度地避免庸俗，避免沉溺于物欲而失去方向。这也许就是我们学习钱学森精神的意义和价值所在。

师道感悟

　　　　很多人只知道钱学森是"两弹一星"元勋，其实他还
　　　是一个难得的、在各方面融会贯通的通才，他的学识是非
　　　常系统的。

　　"大成智慧教育"理念的核心之一，就是新的通才教育观。他对通才的认识运用的是唯物主义辩证法，强调"通"是在"专"的基础上通，"专"是在广博的基础上再专。学生的跨学科跨度越大，创造性才会越大。他提出，不仅理工科要结合，而且要理工文结合，甚至科学还要与艺术结合。因为科学培养的是逻辑思维，艺术培养的是形象思维，逻辑与形象思维要相辅相成。

　　"大成智慧教育"理念的另一核心，就是现代科学教育体系。客观世界的知识太多，新知识层出不穷，我父亲晚年将现代世界上的知识划分为自然科学、社会科学、军事科学等 11 大部类，纵向分又有基础科学、应用技术、技术科学等。如此一来，再多的课程也能容纳在这个横纵的体系中。

　　　　　　　　　　　——钱永刚（钱学森之子、上海交通大学钱学森图书馆馆长）
　　　　　　　　　　　于 2019 年接受《解放日报》记者专访时的讲话

早在钱老归国后第三年，我便有幸来到了国防部五院，在钱学森带领下展开科研工作。几十年来，我目睹了钱老勇敢承担创建我国航天事业的重任，为中华民族屹立于世界民族之林不懈奋斗的历程。

他始终站在世界科技前沿，以自己的远见卓识从战略上思考我国科学技术发展，特别是国防科技发展的重大问题。1955年钱学森回国，党中央根据国际国内形势认为需要搞"两弹"，要把全国人民的积极性调动起来办这样一件非常艰巨的事，但是搞"两弹"要有物质基础，技术上需要有党中央信任的科学家来说可不可行。中央领导征求钱学森的意见，钱学森的态度非常坚决，他说："中国人完全能依靠自己的力量搞出来。"这铿锵有力的回答是钱老回国之初的一个巨大贡献。……回顾钱老的榜样力量，他身先士卒，以身作则，殚精竭虑培养出如今航天事业的后继人才：一支年富力强、技术水平高、能独当一面、作风过硬的航天队伍。我设想这支体现了集体力量、团队精神的航天队伍在党中央的领导下再干上10年、20年，中国的航天事业将会呈现怎样的景观。这正是钱学森期望并作出了巨大贡献的。

——孙家栋（中科院院士、原航天工业部副部长，

我国"两弹一星"功勋奖章获得者，载2011年3月10日《人民日报》）

作为老一辈杰出科学家，钱学森的勤奋尽人皆知，其动力源自强烈的爱国情怀。他知道祖国贫弱，处处受人欺凌，他要改变这种状况，就必须付出比别人更艰辛的劳动，为中国人争气……在钱学森看来，与国家强盛、民族振兴相比，个人的荣誉、地位、待遇微不足道，只要有利于科技事业的发展，有利于实现中华民族伟大复兴的梦想，个人付出再多的努力，作出再多的牺牲都是值得的，而且毫无怨言。

——涂元季（钱学森秘书、中国人民解放军总装备部研究员，

载2013年6月3日《光明日报》）

钱老是近代中国优秀知识分子的杰出代表，他从一名坚定的爱国者逐步成为一名共产党员，进而成为一名模范共产党员；从一位卓越的工程科学家、国防科技领军人

物,成为我国系统科学的开拓者和奠基人,成为哲学家和思想家。总之,他是一位人民的科学家,他是中国人民的骄傲。

——徐匡迪(全国政协原副主席、中国工程院原院长,

载 2011 年 11 月 29 日《学习时报》)

在他心里,国为重,家为轻,科学最重,名利最轻。5 年归国路,10 年两弹成。开创祖国航天,他是先行人,披荆斩棘,把智慧锻造成阶梯,留给后来的攀登者。他是知识的宝藏,是科学的旗帜,是中华民族知识分子的典范。

——钱学森获评"2007 感动中国人物"的颁奖词

(供稿:茅艳雯)

熠熠星辉
　　——上海高校大师故事

国之英豪

——桥梁大师李国豪

大师生平：

李国豪（1913—2005），我国著名桥梁工程与力学专家、教育家。我国自主建设大跨度桥梁的首要功臣和学界先驱。1955 年被选聘为首批中国科学院学部委员（院士），1994 年当选为中国工程院首批院士。

主要贡献：

（1）开拓了桥梁结构理论和桥梁抗震抗风理论，"悬索桥李"之雅号诞生于德国而至今载誉学界。先后担任武汉长江大桥建设顾问、南京长江大桥顾问委员会主任。在国内首次提出了大跨度叠合梁斜拉桥的建桥方案，实现了我国桥梁工程界赶超世界先进水平的宏愿。以高瞻远瞩的战略分析和严谨求实的科技论证推动了宝钢建设、上海洋山深水港建设。

（2）荣获多项国家重大学术奖励，被推选为世界十大著名结构工程学家，获国际桥梁与结构工程协会功绩奖。

（3）在近 70 年的教学生涯中，呕心沥血教书育人，诲人不倦提携后辈，桃李满天下。2003 年荣获首届"上海市教育功臣"称号。

图 3-1
李国豪像

熠 熠 星 辉
　　——上海高校大师故事

师魂唱响

毕业以后，究竟是追求精神财富呢，还是追求物质财富？兼而有之恐怕不行。要是追求物质财富，就得不到精神财富——要下决心追求精神财富，淡泊物质财富……我一生梦寐以求的就是在祖国的大江大河上建造最大的悬索桥。

少年励志，唯学是求；

不顾贫困，德国远游；

幸得良师，更遇善友；

潜心斗室，乐以忘忧；

战火纷飞，安饱奚有；

大难不死，矢志不休；

辗转归国，叹何处兮能我留！

我从自己的亲身经历中感受到，中国共产党是领导全国人民建设中国特色社会主义伟大事业的核心力量。只有在党的领导下，中国人民才能走上强国富民之路。我们

图 3-2
大师剧《李国豪》剧照

国之英豪
——桥梁大师李国豪

党在探索社会主义道路的过程中，曾遭受过各种挫折，我本人也曾受到过错误路线的打击和迫害，但是，我对党的信念坚定不移，对党所领导的社会主义事业矢志不渝。

——李国豪

师者故事

一、十年寒窗，"悬索桥李"

李国豪，1913年4月13日出生于广东省梅县莲塘村一个贫苦农家。父亲早年参加辛亥革命，后去印度尼西亚经营杂货小生意；母亲是个勤劳俭朴的农家妇女。他5岁在村里上小学，课余帮助母亲做些家务和农活。13岁时，他插班进入梅县县立中学二年级。在校3年，成绩优异，还曾在全校演讲比赛中获奖，并被选任学生会主席。

李国豪在16岁时，未读完高中就只身前往上海，考入当时以医科和工科著名的国立同济大学。在两年德语

图 3-3
李国豪在钱塘江大桥进行测量工作

熠熠星辉
——上海高校大师故事

预科学习结束时，他不仅能熟练地听、讲、读、写德语，还自学了英语，这为他以后的学习、进修和国际学术交流创造了优越的条件。在进入本科时，他选择了工科。到三年级分系时，又从原来想学的机械转向了土木。他聪明勤奋、学业超群，1936年以出类拔萃的成绩毕业。毕业前夕，他到杭州钱塘江大桥工地实习了一个月，从此在他爱好的结构工程领域里，桥梁工程占了首位。毕业后，他留校担任结构力学和钢筋混凝土结构助教。全国抗日战争爆发后，李国豪代替离校的德国教授讲授钢结构和钢桥课程，这成了他之后几十年在这个领域锲而不舍地从事科学研究、教学和工程实践的开端。

1938年秋，李国豪由德国洪堡奖学金资助到德国达姆施塔特工业大学进修。由于他的大学学习成绩特别突出，德国破例批准他直接考博士学位。达姆施塔特工业大学是一所历史悠久的大学，它的土木系排名在德国居于前列。1938年秋，年富力强的克雷帕尔（K.Kloppel）教授来校任结构力学和钢结构（含钢桥）教研室主任，他原任德国钢结构协会领导，又担任著名杂志《钢结构》的主编。聪敏勤奋的李国豪引起了他的注意，顺利地被接受做博士论文的研究工作。

1939年春，李国豪结合当时拟在汉堡修建的一座主跨800米的公路铁路两用悬索桥开始博士论文研究工作。他从悬索桥加劲梁变位理论（二阶理论）的弹性弯曲微分方程悟出悬索桥的受力相当于一个受竖向荷载的梁同时受一个轴向拉力。由此他延引出从概念到方法都十分新颖的《悬索桥按二阶理论实用计算方法》，并用模型试验加以验证。不到一年，他就完成了论文，并以优异的成绩获得工学博士学位。论文在《钢结构》杂志发表后，在桥梁工程界引起了极大反响，从此这个中国人以"悬索桥李"出名。当时，他只有26岁。

第二次世界大战的爆发使李国豪无法回国，他只得在1940年初就任于克雷帕尔教研室做研究，一直到战争末期。其间，他除了参加钢结构焊接问题的研究外，对悬索桥、桁梁桥的结构稳定的分析都作出了创造性的成果，发表了近10篇重要论文。

他继续针对汉堡拟建的悬索桥作了深入的研究。他揭示出三跨连续加劲梁不设中间支座的体系无支承弯矩高峰的优点，这种体系终于在20世纪70年代在美国修

37

图 3-4
李国豪 1940 年在达姆斯塔特工
业大学实验室做桥梁结构试验

建的一座斜拉桥上被采用了。他深入分析铁路荷载对悬索桥的动力作用，其分析方法和分析结果都填补了当时的空白。1942 年，李国豪参加了由克雷帕尔和赫瓦拉（E.Chwalla）主持的德国钢结构稳定规范的修订工作，他从压杆稳定问题的分析研究中推广概括，提出"弹性平衡分支的充分辨别准则"，建立了结构稳定的一个基本准则。这年他还以论文《钢构分析的几何方法》成为第一个获得德国"特许任教工学"博士学位的中国留学生。

　　1943 年夏，他又接受了一个艰巨的任务，要求比较精确地分析一座 90 米跨度的多腹杆系钢桁架桥的主桁内力，如实考虑弦杆在节点的刚固连接。他经过长时间艰苦的思索，设想将桁架这个由杆件组成的离散体系化成为连续体的力学模型，用微分方程去求解，发表了论文《桁架和类似体系的结构分析新方法》。

熠熠星辉
　　——上海高校大师故事

李国豪和克雷帕尔教授合作多年，建立了深厚的友谊。1979年，在他30多年后重访达姆施塔特市时，克雷帕尔在大学里组织了一个聚集联邦德国桥梁工程界人士的盛大欢迎会，会上热情洋溢地赞扬了他当年取得的突出成就。在李国豪介绍自己最新研究成果"桁梁桥扭转、稳定、振动"的报告结束时，全场鼓掌、顿足，克雷帕尔教授更是激动地向他表示祝贺。

二、回国效力，培育英才

第二次世界大战结束后，李国豪携妻子于1946年夏历尽艰难回到祖国。在途经法国马赛时，第一个孩子出世，取名"归华"。到达上海后，他满怀期望去参加桥梁工程建设，但并不顺利，于是又回到同济大学，从此再也没有离开同济。1952年，他领导院系调整后学校的专业建设，创设了桥梁工程专业，并先后出版了中国第一批在此领域的中文教材《钢结构设计》和《钢桥设计》。1955年，

图 3-5
李国豪1955年当选为首批中国科学院技术科学部学部委员（院士），图为中国科学院院长郭沫若颁发的中国科学院院士证书

国 之 英 豪
——桥 梁 大 师 李 国 豪

他开始培养桥梁工程研究生，并出版了《桥梁结构稳定与振动》一书。1956年，他担任副校长，不久创设工程力学专业，并亲自讲授板、壳力学，培养了首批工程力学专业的大学生。1959年，他组织了上海力学学会，任理事长直至20世纪80年代。1982年，他还任中国力学学会第二届副理事。

1955年，他被选为首批中国科学院技术科学部委员。在此前后，他先后应聘担任武汉长江大桥和南京长江大桥的技术顾问委员会的委员和主任委员。他在繁重的教学、行政、学会和顾问工作之余仍坚持科学研究工作，除从事拱桥的稳定和振动系统研究外，最为突出的是1958年发表的开创性论文《斜交各向异性板弯曲理论及其对于斜桥的应用》。20世纪60年代初，李国豪组建结构理论研究室，从事抗核爆炸结构工程的研究，不仅培养了一批这方面的人才，而且组织和促进了中国在这一领域的研究工作。

三、身处囚室，坚持研究

1966年，"文化大革命"开始了。李国豪以莫须有的罪名被囚禁于隔离室两年多。在此期间，他在隔离室从广播中听到南京长江大桥通车的消息，这使他想起当年武汉长江大桥通车典礼时出现的晃动现象。他在囚室中开始了对这个问题的艰难的研究。他两手空空，凭着自己坚实的理论基础、敏锐的创造性思维和出色的记忆力，参考过去的成功经验，把桁架桥这种空间离散体系化为连续体模型，建立弹性弯曲和扭转的微分方程组去求解。他利用仅有的报纸的边角和夹缝，偷偷地推导和计算，达到了忘我的境界，经过近一年的努力，终于取得了理论分析的初步成功。

接着，在校内监督劳动期间，他在家里做桁梁桥模型和扭转试验，并继续完善理论分析计算，最后于1973年完成了他在多年"囚徒"岁月中呕心沥血写成的专著《桁梁扭转理论——桁梁桥的扭转、稳定和振动》。它既阐明了武汉长江大桥的振动问题，又开拓了桁梁桥结构的分析理论，于1983年获得了国家自然科学三等奖。

70年代开始，李国豪还结合工程实际致力于公路桥荷载横向分布的研究，并将研究成果写成专著《公路桥梁荷载横向分布计算》出版，受到广泛欢迎。后来他又将用于梁式桥的方法推广于研究拱桥和曲线桥的荷载横向分布，取得了成功。这样，他就建立起一个基于同一原理和力学模式、适用于各种公路桥梁荷载横向分布计算的统一方法。此外，他还研究拱桥和斜拉桥的空间振动问题，发表了被广泛引用的研究成果。1976年唐山大地震后，他开始从事桥梁抗震的研究，并带领助手取得了一系列有价值的科学成果。

四、振兴同济，领军桥梁

1977年秋，李国豪出任同济大学校长。其时的学校已是满目疮痍，百废待举。李国豪在恢复原有土建类专业的同时，果敢地大力筹办数、理、化、机、电和管理类等新专业，并迅速恢复和新建8个研究所、室，开展科研和培养研究生工作。1979年春，他出访联邦德国，为同济大学和波鸿鲁尔大学及达姆施塔特工业大学建立了校际合作关系；同年设置德语专业，并为一部分新生和教师开设德语课，同时接受教育部委托，设立留德预备部，积极派送教师出国进修和聘请外国学者来校讲学。仅仅几年时间里，李国豪就以宏伟的气魄和出色的组织领导力，使同济大学成为一所以

图3-6
李国豪在家进行南京长江大桥的晃动研究

国之英豪
——桥梁大师李国豪

理工为主的多科性大学、以联邦德国为重点和先进国家进行广泛合作交流的国际学府。

虽然肩负校长重任,李国豪仍坚持科学研究。他重建结构理论研究所,领导和参加地震工程与防护工程的研究工作并指导博士研究生。1980年和1989年,他先后主持编写了《工程结构抗震动力学》和《工程结构抗爆动力学》两部著作。与此同时,他组建桥梁研究室,开展桥梁的空间分析、稳定抗震、风振和车辆振动等方面的研究,培养了大批博士研究生,并由此形成了一个地震工程和一个桥梁工程的研究中心。1983年,他将历年发表的主要论文汇编出版为《桥梁与结构理论研究》。

从20世纪50年代起,李国豪就积极参加国内外的学术活动。80年代起,他先后担任上海市科学技术协会主席、中国土木工程学会桥梁及结构工程学会理事长、中国土木工程学会理事长、中国科协工程学会联合会主席,以及美国土木工程师学会"缆索悬吊桥梁技术委员会"的委员和顾问等。80年代初,李国豪作为上海宝山钢铁总厂工程的技术顾问委员会首席顾问,在避免一期工程下马和解决工程中的桩基水平位移问题时,以其远见卓识和出色的理论分析作出了重大贡献。他还负责主编《辞海》土建分部和《中国大百科全书》土木卷。

五、一代宗师,饮誉世界

1983年,李国豪被选为上海市政协主席,第二年卸任同济大学校长,改任名誉校长。李国豪在古稀之年从事崭新的上海市政协领导工作,仍富于开拓精神,他倡议建立的"上海政协之友社"深受广大退任政协委员的赞赏。在5年市政协主席任期内,虽然社会活动十分繁忙,李国豪老当益壮,仍继续坚持科学研究,而且成果累累。他发展了大曲率曲线箱梁的弯曲与扭转理论,开创了对斜拉桥颤振后状态的研究,同时在国外出版了他的研究成果——英文版的《箱梁和桁梁桥的分析》。

1985年,他在达姆施塔特市接受了母校授予他的荣誉工学博士称号。1987年春,联邦德国政府继1982年春歌德逝世150周年纪念之际授予他歌德奖章之后,又授予李国豪大十字功勋勋章,以表彰他发展中德文化交流和科技合作的功绩。

李国豪作为国际桥梁与结构工程协会的常设委员会委员和中国组主席,在1981年,被协会推选为世界十大著名结构工程专家之一,1987年秋,又荣获协会授予的"国际结构工程功绩奖"。这一荣誉,是对李国豪长期为发展桥梁结构理论和培养人才所作贡献的崇高奖赏。

1987—1990年,李国豪在担任中国科协常委期间,倡议和组织领导了重点决策咨询课题"中国交通运输发展战略与政策研究",为国家提出了多项有助于我国交通运输事业发展的重要建议,对大跨度桥梁结构中的空间和非线性分析方法以及稳定和振动问题都作出了开创性工作。

李国豪以科学态度和刻苦精神解决了结构理论中的许多难题。在科学研究工作中,他崇尚实事求是的作风和严谨科学的态度。他特别注意理论联系实际,他的理论从不满足于推导和计算,总是力求以模型试验或现场测试来检验修改和证实理论的正确性。他以刻苦坚毅的精神解决了结构理论中的许多难题,凡是做过他助手的人都深深地为他尊重事实、一丝不苟的态度所感动。他在科研选题上一

图3-7
李国豪1983年4月在上海市政协六届一次会议上作报告

国之英豪
——桥梁大师李国豪

贯倡导"必须具有工程背景,必须解决实际问题",坚持主张理论意义和实用价值相结合。他常说:"我们的研究主体是工程,左右臂是数学和力学。"

他喜欢研究老难题和别人尚未涉足的新问题。他的思维方法富于开创性,常常能从纷繁迷离、错综复杂的现象中,敏锐地看到问题的本质,抓住重点,以独创的、新颖的、简练的手法解决问题。他的成果闪耀着智慧的光芒,在国际、国内都极具威望。

师道感悟

李国豪先生是一位杰出的、爱国的战略科学家,不仅以自己精深的桥梁专业技术,为国为民族争气争光,他还站在国家可持续发展的战略高度,组织上海科技界的方方面面力量,为推进上海乃至国家社会的经济发展出谋划

图3-8
李国豪(左二)1985年5月在宝钢工地

熠熠星辉
——上海高校大师故事

策，为科教兴市、科教兴国做贡献。

如在宝钢、上海"四个中心"建设、黄浦江上桥谁来造等重大科技项目决策中，李国豪先生都积极组织调研，向上海和中央力陈优选方案的理由，这些工作都可圈可点，成为政府科学决策的主要依据。

作为老科协主席，他一直关心上海科协的工作，曾多次与我探讨新形势下上海科协与时俱进的工作新思路；作为老校长，他始终关心同济大学向"综合性研究型"大学的转型以及学校建设目标凝练；作为老科学家，他关注并旗帜鲜明地支持科技体制、机制的改革和创新，并积极参加科技界的许多重要活动。

李国豪先生对我有很多的帮助和启发，他是我们科学家的楷模、榜样。

——沈文庆（中科院上海分院原院长、上海市科协主席，

载 2005 年 3 月 15 日《上海科技报》）

20 世纪 80 年代初期，李国豪先生在百废待兴之际出任第二届上海市科协主席，以崇高的声誉、谦和的人品，安抚了遭受心灵创伤的科技人员，激励他们振奋精神为实现"四个现代化"作出贡献。离开上海市科协后，他担任了第六届上海市政协主席，继续为促进科技与经济结合、提升上海服务全国的能力不停工作。他是一位具有远见卓识、身负社会责任的战略科学家。他的孜孜以求不固于纯粹的学术科研领域，更将科技同社会发展、城市进步结合起来，亲自写信给江泽民同志，积极建言献策，对宝钢、汽车城、深水港等上海重大工程的上马功不可没。

在我的印象中，李国豪先生是一位仁慈的长者。他不止一次对我说："我们那个时候科技人员和科协的关系十分融洽，你们要多关心中青年科技人员，帮助他们也有助于加强科协作为桥梁纽带的作用。"他这些语重心长的话对我们更好地开展科协工作十分有启迪。国豪先生虽然离开我们了，但他的精神将永远激励我们，在科协"三服务一加强"的新定位下把科协工作引向深入。

——于晨（时任上海市科协党组书记、副主席，载 2005 年 3 月 15 日《上海科技报》）

国之英豪
——桥梁大师李国豪

李国豪爱护青年，热心培养新生力量，他正直无私的为人以及他对青年的爱护和提携和他的学术水平一样为人们所尊重称道。

新中国成立前夕，他甘冒白色恐怖的风险，主持正义，挺身为爱国学生辩护，为营救被捕学生四处交涉，表现出一个科学家正直无私的崇高品格。

中华人民共和国成立后，他更是大力培养新生力量。他的教学是启发式的。他多次告诫年轻的教师不要当"保姆"，只有启发学生的主动求知欲，才能培养出真正的人才。他鼓励年轻人勇挑重担，在工作中锻炼成长。对于后辈在他的论文基础上有所发展而取得的成绩，他都以十分赞许的态度，加以肯定和推荐。在他的关心、培养、提携下，他的助手们在思想、业务上都得以迅速成长，并成为学科带头人和骨干力量。在退居二线以后，他仍多次呼吁学校要打破论资排辈的陋习，让年轻的优秀人才脱颖而出，委以重任，并指出这是同济大学的希望所在。

李国豪是一位杰出的科学家和教育家。中国土木工程界、同济大学、他的众多的学生，特别是桥梁工程专业的学生，都对他怀着崇高的敬意。

——项海帆（中国工程院院士、同济大学教授）写于 2007 年

（撰稿：项海帆　编辑整理：同济大学党委宣传部）

熠熠星辉
　　——上海高校大师故事

国之师者

——人民教育家孟宪承

大师生平：

孟宪承（1894—1967），字伯如，江苏省武进县（今江苏省常州市武进区）人。我国现代著名教育家与教育理论家，华东师范大学首任校长。孟宪承早年毕业于南洋公学中院和圣约翰大学，1918 年留学美国华盛顿大学，获教育学硕士学位。1921 年赴英国伦敦大学教育研究所深造。回国后，先后在东南大学、圣约翰大学、光华大学、清华大学、中央大学、北京师范大学、浙江大学等校任教。新中国成立后任华东军政委员会教育部部长、华东行政委员会教育局局长。1951 年出任华东师范大学校长，并曾担任第一、二、三届全国人民代表大会代表，上海市第三、四届政治协商会议副主席，上海市教育学会会长等职务。孟宪承一生出版著、编、译作 20 多种，发表论文及通信约170 篇，涉及文、史、哲、教等学科。

主要贡献：

（1）在教育学、教育哲学、教育社会学、教育心理学、教学法、教育史、比较教育、大学教育、师范教育、民众教育、乡村教育等领域均有研究。其代表作主要有《教育概论》《教育通论》《大学教育》《民众教育》《西洋古代教育》《新中华教育史》《中国古代教育史资料》《中国古代教育文选》等。

（2）1942 年国民政府公布首批 29 位部聘教授名单中，孟宪承是唯一的教育学教授，1956 年被评为一级教授，2006 年入选中国高等教育学会"共和国老一辈教育家"首批宣传名单，是其中唯一的教育学家。

（3）孟宪承提出的"大学三理想"成为他作为首任校长执掌华东师范大学的办学理念。

图 4-1
孟宪承像

熠熠星辉
——上海高校大师故事

师魂唱响

大学是最高的学府：这不仅仅因为在教育的制度上，它达到了最高的一个阶段，更因为在人类运用它的智慧于真善美的探求上，在以这探求所获来谋文化和社会的向上发展上，它代表了人们最高的努力了。大学的理想，实在就含孕着人们关于文化和社会的最高理想。现代大学的理想是：智慧的创获、品性的陶熔、民族和社会的发展。

真正的爱国者应该知道自己祖国优秀的历史文化，并引以自豪。现在外国人很重视研究中国文化，而我们反而不重视，这是很不应该的。

中国优秀的教育历史遗产，一定要摆到世界教育史中去，也一定要放到教育学中去。但这不是一日就能解决的问题，而是要经过较长时期的学习、研究、总结才能实现。

教育史与教育学史是有区别的。教育史可以从原始社会谈起，因为教育是永恒的范畴；教育学史只能从有教

图4-2
大师剧《孟宪承》演出结束后演职人员合影

国之师者
——人民教育家孟宪承

图 4-3
大师剧《孟宪承》剧照

育学开始，也只能在此范围内研究。

方法是由目的所决定的，有不同的目的，就选用不同的方法。吴泽做史学资料是有其目的的，所以想办法网罗所有魏源、康有为、章炳麟的史学资料。冯契是研究哲学史的，他特别提出两点，一是分析，一是提炼。我认为还有一条意见可以补充，即概括。黄宗羲在《明儒学案》"发凡"中提出要以一二字"约之使其在我"，提出几个概念，利于概括地把握。我认为，资料应"由博而约"，要求其简约。

师者故事

一、"土佬儿"其实是个"洋秀才"

孟宪承 1894 年出生于江苏省武进县的一户书香门第。父亲早年去世后，母亲杨氏将他带回娘家抚养，杨家为常州望族。家学渊源让孟宪承从小就受到了良好的传统教育，年幼时母亲便教他诵读和习字，6 岁送他去私塾。

熠熠星辉
——上海高校大师故事

据杨家人回忆，孟宪承将大部分时间都用在陪伴母亲和刻苦读书上，"从来没有见过这样用功的孩子，真是孟夫子家的后代"。

如果不是因为时代的巨变，孟宪承也许会同他的父亲一样走上科举之路。然而，20世纪初，内忧外患的清政府被迫实行新政。废除科举制、设立新学制、发展新式学堂、鼓励留学等一系列举措，让中国的现代教育就此蹒跚起步，而孟宪承的人生轨迹也因此发生了重大转折。

1908年，孟宪承考入南洋公学（今上海交通大学）中院（中学部）。1912年考入上海圣约翰大学外文系，与他同窗的林语堂曾回忆："那时圣约翰大学是公认学英文最好的地方。"圣约翰大学每年的毕业率很低，孟宪承入学时班里有20多人，但毕业时获得文学学位的仅有8人。凭借着读书期间的优异成绩，他在8人中拔得头筹。1916年，毕业后的孟宪承以中等科英语教员的身份来到清华学校（今清华大学），与林语堂、马国骥等共事。曾为其学生的梁实秋多年后回忆道："林先生活泼风趣，孟先生凝重细腻。"

清华是当时庚款公费留美预备学校，而渴望走出国门"藉资历练，稍获新知"也是孟宪承一直以来的梦想。1918年，考取公费的他赴美入华盛顿大学，师从杜威，主修教育学，辅修哲学。1920年，他获教育硕士学位后，转赴伦敦大学教育学院深造。但他因需供养家庭而中断学业，于1921年11月回国。对那代留学生来说，祖国的崛起和民族的兴盛是终身相伴的梦。留学经历让孟宪承切身感受到工业革命后西方诸国的强大，认识到教育改革在其中的推动力，也更坚定了他以教育为良方，改变祖国积贫积弱现实的信念。

多年来西方文化的熏陶，似乎并没有在孟宪承的生活习惯上留下太多印记。在清华上英语课，他坚持身穿青衫长袍。即便是出洋，外面套着西服，里面穿的也还是夫人为他手缝的粗布衣服。其孙孟蔚彦曾记录下这样一则趣事："在旧上海，一次去看牙医，因为一身布衣，身旁的洋人不时假以白眼，待祖父取出洋书来读，洋人便来搭讪，祖父开口便是纯正的英语，洋人肃然起敬，没有想到身旁的'土佬儿'，实在是个'洋秀才'。"

二、国民教学不可寄托于外人

当孟宪承在外留学时，五四时期的中国掀起了一场"民主与科学"的教育思潮，随着杜威等实用主义教育家的访华而达到高潮。知识界纷纷撰文介绍、评论杜威学说，在学校中也大力试验。对当时的中国教育界来说，实用主义思潮的传播不仅挑战了自清末以来传入中国的、以赫尔巴特为代表的西方传统教育思想和观念，也松动了存在几千年、根深蒂固的中国古代教育思想和观念。

学成归国的孟宪承，很快成为其中的"主力军"。通过翻译包括美国实用主义大师詹姆士的《实用主义》、杜威的《思维与教学》等在内的多部教育名著，他向国人呈现了一幅国外教育最新成就和发展趋势的绚丽画卷。但同时，他也清醒地认识到，"同在教育上的努力，而各国所应付的问题却不同""各国的问题不同，所采取的方法也不一"。因而，思考如何将西方教育理论本土化、民族化，成为这一时期他学术探究的重心。

1933年出版的《教育概论》是这一探索的重要成果。华东师范大学教育学系教授杜成宪认为，这部著作的出版不仅顺应了当时中国教育学理论的转向，更是在中国倡导了以儿童发展为中心的教育立场。原先的教育学著作从概念出发，注重演绎。其理论体系的展开，通常是循着"教育的定义""教育的目的"……这样的逻辑。而在孟宪承的《教育概论》中，第一、二章分别为"儿童的发展"和"社会的适应"，立足于教育的出发点——儿童，展开对整个教育问题的讨论。1934年9月，教育部颁布的《师范学校课程标准》中，教育概论课程的"教材大纲"与他的《教育概论》十分相近，由此能窥见这部著作在当时的影响力。

为将外来教育资源民族化所做的努力，在孟宪承那里远不止于"坐而论道"，针对当时教会学校"重英文、轻中文"的通病，以及自倡导白话文以来国文教学中出现的问题，1923年，孟宪承回到母校圣约翰大学担任国文部主任，投身于国文教学改革。他大刀阔斧地提出一系列规定：实行统一的中西文学级，中学毕业生达到新定的国文程度方可升学；组织国文教学研讨会，探讨教学原理、制定课程标准等；编纂出版面对学生的国文出版物。他的国文教育主张"推进了中国国文教育在由文言向白话转型过程中的重建"。

在孟宪承任职前，黄炎培曾率专家考察圣约翰大学时认为"中文改进之计，事不容缓"，在他改革之后，"学生之国文与英文水平相当"，许多学生从以前只知"两耳不闻窗外事，一心只读ABC"，转而对中国的语言和文化传统产生了兴趣。由于成效斐然，《申报》等当地重要报纸也经常报道这场国文改革的最新情况，产生了广泛的社会影响。

然而，这场国文教学改革最终因一件意想不到的事情而中断——1925年"五卅惨案"爆发后，上海各界人士纷纷走上街头。圣约翰大学的师生也组织抗议，但遭到校方阻挠。为声援学生的爱国运动，6月1日，孟宪承召集学校的中国教授开会，在会上慷慨陈词："假如做一个学生，只知自己是圣约翰的学生，而不知是中华国民，看到同胞为外人屠杀漠不关心，这对我们平日所讲的国民自觉教育，将无法自圆其说。……教师应该支持学生的正义斗争，维护国家、民族的尊严，否则，今后我们也无颜再以学问

图4-4
孟宪承（左一）1956年与助手共同研究中国教育史

国之师者
——人民教育家孟宪承

文章与学生相见于讲台。"在师生的据理力争下，校长卜舫济被迫同意学生罢课、降半旗向死难者致哀，不料却在6月3日出尔反尔。师生终于"义愤填膺，忍无可忍"。以孟宪承为首的19名教师带领553名学生，宣布"永远与圣约翰大学脱离关系"，发誓"以后不再进任何外国教会学校"。

圣约翰师生的这场壮举，在当时社会上产生强烈反响。上海学生联合会致信称赞道："于此全国愁惨之空气中，忽现一线曙光，使顽夫兼懦夫有立志，此不幸中之幸也。……此次约大学生独能以爱国心，与人格为天下倡，其难能可贵，更非寻常之学校可比。"而经此事件，孟宪承也彻底认识到，"国民教学之不可寄托于外人也，中国教育事业的发展必须依靠中国人自己"。同年8月，他们自行创立光华大学，孟宪承为十二人筹委之一。

三、走出象牙塔，"为生民立命"

20世纪20年代末，从西方移植而来的新式教育在中国越来越水土不服。教育家陶行知直接抨击其为"培养小姐、少爷、'高级废物'的教育"。而孟宪承也展开了反思，他认为其"最大的缺点，在于教育的设施，没有能和国计民生发生重大的影响。到现在一般学生，还只把求学当作是'读书'，毕业当作是'资格'，教的学的，没有的确能增进实际生活的丰富和效能。所以民生是民生，教育是教育，依然没有策应"。

国难当头，当不合时宜的新式教育热潮退去，如何重构一个适合中国国情的教育蓝图，是当时所有教育学人在思考的问题。人们逐渐认识到，要改变中国落后挨打的面貌，必须依靠民众力量。为此，不少学者纷纷走出象牙塔，去城市和乡村开展了一场持续20年之久的教育运动，其中自然也有孟宪承的身影。1929年秋，放弃了中央大学教育系主任职务的他，到中国第一所培养民众教育师资的学校——江苏省立民众教育院暨劳农学院——任研究部主任兼教务部主任。之后，他又在杭州创办民众教育学校，主持江苏北夏普及民众教育实验区，陆续进行民众教育的探索，前后时跨8年。

面对新生的民众教育，"孟宪承关注的并非仅仅是一个学院的前途和发展，而是整个中华民族民众教育事业的发展。受过良好的外文和教育学专业训练的他，以广阔的国际视野和丰富的教育经验，将民众教育的发展置于全国乃至整个世界的范围进行综合考虑"（张爱勤语）。为此，他阅读了世界先进国家关于成人教育的大量论著，还专门研究了当时在世界成人教育运动中有重要影响的丹麦乡村民众学校运动，留下了以《民众教育》为代表的丰硕理论成果。但纸上得来终觉浅，民众教育是实干的事业，必须回到农村的现实生活中找问题。而孟宪承也深谙这一点。

那么，中国农村究竟存在什么问题？当时有人认为，中国农村的问题在于文化的沦丧，要通过振兴儒家文化来改变，如梁漱溟用文化建设的方法进行的"邹平改造"。但孟宪承的答案更接地气，他觉得问题在于农民不会过自己的生活。他分析，民众是绝大多数的直接生产劳动者，他们的大部分时间是劳动，小部分时间是休闲。他们劳动，为的是维持生计；他们休闲，要的是一点娱乐。他们最需要的教育，是"增高生计的知能"和"满足娱乐的兴趣"这两项。

图 4-5
孟宪承代表作之一《孟宪承文集》（全 12 卷）（华东师范大学出版社，2010 年出版）

55

于是，同样是教民众识字读书，他觉得"呆板地照教科书教，不如先教成年民众看洋钞票上的字，看路上布告招牌的字，教他们记账、写信、开发票"。教民众维持生计，他的办法是走职业教育的路，举办"民众职业补习学校"，"乡村注重农业补习，县市注重商业补习"。至于怎样让他们的闲暇时光更有意义，他主张"用艺术的手腕"，在北夏实验区设立民众茶园和俱乐部，组织戏剧、曲艺、国技和民众音乐会，设立图书阅览室，巡回放映电影……

在杜成宪看来，孟宪承关于民众教育的思考同样体现了民族化的追求，"他将民众教育的首要目标定位于生计训练而非一般的读书、识字、学文化。他希望通过生计的改善而达到民众物质生活、精神生活的改善，乃至国民经济的改善和民族的复兴。这样的主张与孟子'有恒产者有恒心'的思想是相通的……他的民众教育探索可以用两个

图 4-6
孟宪承（右）与历史学家吕思勉交谈

熠熠星辉
　　——上海高校大师故事

字概括，那就是'体贴'"。

四、在丽娃河畔践行"大学的理想"

孟宪承曾经说："现代国家，没有一个不把教育看作国家的命脉，没有一个不尽力从事师范的培养；为改进中等教育计划，没有一个不在高等教育里，提供师范的训练。"从1921年任教东南大学算起，孟宪承近半个世纪的教育生涯几乎都与大学相关。通过高等教育培养精英人才与通过民众教育启迪民智，是他所认为的"教育救国"的两条途径，这两者也紧密交织在他一生的学术思考里。

如果说《民众教育》中的孟宪承是"接地气"的、"体贴"的，那么同样写于20世纪30年代的《大学教育》里，孟宪承却站在了整个人类教育史的高度，高瞻远瞩地对中国现代大学的理想进行了展望——毫无疑问，"大学是最高的学府"，但大学之"高"不仅仅在于教育体系的层级，而且是因为"在人类运用它的智慧于真善美的探求上，在以这探求所获来谋文化和社会的向上发展上，它代表了人们最高的努力了"。因而，"大学的理想，实在就含孕着人们关于文化和社会的最高的理想"。

在他看来，现代大学的理想包括三个方面。一是"智慧的创获"。大学精神首先在于发挥研究的精神，致力于创造发明。"到现在，没有哪一国的大学，教师不竞于所谓'创作的学问'，学生不勉于所谓'独创的研究'。"二是"品性的陶熔"。他曾引用哲学家怀特海的话："大学的存在，就是为结合老成和少壮，而谋成熟的知识与生命的热情的融合。"这种陶熔的锻炼，应该以教师对学生人格上的潜移同化等方式来实现。三是"民族和社会的发展"。大学还须"到民间去"，将其创获的知识推广于学校围墙之外，由此实现对民族发展、社会进步的推动作用。

"在孟先生对大学精神的把握中，我们不仅可以清楚地看到西方现代大学三项任务——研究、教学、推广——的含义，也能看到他对中国传统儒家经典《大学》'三纲领'——'大学之道，在明明德，在亲民，在止于至善'——的精神继承。今天，我们依旧能够感受到其中的生命力。"杜成宪这样评价。

当年孟宪承提出的"大学三理想"，后来成了他作为首任校长执掌华东师范大学的办学理念，这也是他留给这座学校最宝贵的精神遗产。从1951年学校成立到1967年他逝

57

世，华东师大是孟宪承人生中停靠最久的"驿站"，而他也将全部身心投入了这座新中国建立的第一所师范大学里。

"对华东师大来说，曾由孟宪承先生来执掌校务，是幸运的。"这是所有师大人的共同心声——办校初期，面对当时高师办学中存在的"师范性"和"学术性"之争，孟宪承明确表态高师应当从提高教学质量与提高科学水平的角度，"向综合大学看齐"。秉持着这种理念，华东师大一直坚持师范性与学术性并重，以科研带动教学，开创了中国师范教育的新局面。在他的带领下，初创时期的华东师大一派生机，1959 年便成为全国 16 所重点高校之一。

身为校长，即使事务再繁忙，孟宪承也从未中断他的理论研究，并始终站在教学的第一线。1956 年 9 月，孟宪承担任由教育部指定开设的中国教育史研究生班的导师，开始系统讲授中国古代教育史。曾有学生这样回忆："第一次研究生课，黑板上板书工整 6 个字：'古代历史材

图 4-7
孟宪承校长（前排左二）20 世纪 50 年代与研究生合影

熠熠星辉
　　——上海高校大师故事

料'，没有一句客套话，讲课有条理……再没有一个老师讲一堂课，可以如此自始至终吸引着学生，他的旧学底子厚，儒学和清代的考据学左右逢源；他中英文俱佳，作报告二三十分钟没有一句废话。"这个班是全国高校中第一个中国教育史专业的研究生班。在他的带领下，华东师大后来成为我国教育史学科的重镇。生命的最后几年中，孟宪承在发掘整理中国传统优秀教育遗产上倾注了极大心血，编著出版了包括《中国古代教育史资料》《中国古代教育文选》等在内的一系列古代教育论著。

回归中国精神，将中国教育史作为最终的学术归宿，对孟宪承来说也绝非偶然——对于传统，他始终有着清醒的认识："没有一个人能对于他自己社会里的历史文化宣告独立。文化遗产的保存和传递，本来是教育应有的职能。"正如学者张爱勤所说，他的一生"虽致力于西学的传播与研究，但始终注重中华民族自身文化传统，努力在探求世界教育发展趋势和中外教育历史比较中找寻中国复兴之路……最终实现了从西学传播向中学优秀文化传统研究的心路转型"。

"从古不知有多少'悲天悯人'的教育家，耗尽了他们的心力，甚至贡献了他们的生命，才把我们的教育史，装点成这样的灿烂庄严。他们生平的故事，更可以净化我们浮躁的精神，鼓舞我们奋争的勇气。教育者精神的食粮，也将从这里得到了。"孟宪承早年在《教育史》中写下的这段话，恰恰是他教育人生的写照。

今天，"孟宪承"这个名字早已成为华东师大的人格化象征，而重温他的故事，每一位师大人的教师梦，将变得更为坚实与丰厚。2019 年 12 月，师大学子用一出自编自导自演的大师剧《孟宪承》向他们的老校长致敬，孟宪承的饰演者、本科生黄天策就这样动情地说道："'智慧的创获，品性的陶熔，民族和社会的发展'，这不仅是孟先生认为的大学的理想，更是他为之奋斗终生的理想。我们青年学子也将在他的精神指引下奋进，将自己的理想融入国家与民族事业中。"

师道感悟

我想通过寻访计划，再问自己一遍：我填报师范专业的初心是什么？"一辈子做教师，一辈子学做教师"令我心向往之，去追溯、发现孟宪承、马相伯、叶圣陶这样的名字之所以光辉的由来，接近大师们的初心，能让我用更开阔的眼光看待教育，看待我立志奋斗追求的这份使命，我的教师梦想也将变得更为坚实与丰厚。孟宪承老校长用一生装点中国现代教育，他在80余年前提出的现代大学的三理想至今仍是我们前行的灯塔。

——屠滔德（华东师范大学孟宪承书院2019级汉语言文学专业本科生）

在排练及演出的整个过程中，都感受到孟宪承先生对教育事业执着的奉献精神，能够亲近孟宪承先生的人生故事我们感到非常荣幸！同时，与一群志同道合的伙伴们相遇，在紧张的学习生活之余为了一个共同目标而努力，这是非常难忘而且有收获的体验。

——胡文媛（大师剧《孟宪承》导演、华东师范大学本科生）

排演大师剧与我以往制作校园话剧作品最大的差别，就是我们每一个人身上更多了一份沉甸甸的责任。这种责任，是对老校长孟宪承先生的韧性、执着的尊重，更是我们每一个师大人对于教育品质和教育精神的回溯与追求。

——高瀛远（大师剧《孟宪承》导演助理、华东师范大学硕士研究生）

敬爱的孟校长，您用一生装点中国教育事业，用品性影响着一代代青年学生。作为一名未来教师，我一定谨记您的教诲，将"智慧的创获、品性的陶熔、民族与社会的发展"视作自己的终身理想，将青春献给教育和国家。

——奚玉洁（孟宪承书院2020级数学专业师范生）

殷殷之情俱系教育，寸寸丹心皆为家国，作为一名孟院人，我们应在老校长的精神指引下砥砺前行，将自己的理想融入到现代教育事业中去，融入到国家和民族的事业中去。

——武信然（学生代表、2020级地理科学专业学生）

我常常会想，当我面对一棵棵等待滋养的小树苗，看着一双双对世界充满好奇的眼睛，我要怎么做才能真正做到"师者，所以传道受业解惑也"？我会想到"教师不能只做传授书本知识的教书匠，而要成为塑造学生品格、品行、品味的大先生"，想到"教师一个肩膀挑着学生的现在，一个肩膀挑着国家的未来、民族的未来"。

　　　　　　　　　——2019级物理学专业学生辛玥如是分享她心中的教育之道与师者情怀

　　慕先哲之遗风，振吾辈之精神。我将以孟老校长的精神为指引，努力成长为一名优秀的人民教师。

　　　　　　　　　　　　　　　　——罗益军（2020级地理科学专业学生）

　　当剧中孟宪承校长宣布华东师范大学成立时，台上台下响起了经久不息的掌声，那一刻内心的触动是最难忘、最珍贵的，我想这也是对新时代学生最好、最有效的校史文化教育。

　　　　　　——夏建国（大师剧项目负责人、华东师范大学孟宪承书院党委常务副书记）

　　　　　　　　　　　　　　　　　　　　　　　　（编辑整理：张金玉）

国之师者
　　——人民教育家孟宪承

国之译才

——人民翻译家姜椿芳

大师生平：

姜椿芳（1912—1987），我国著名翻译家、教育家、出版家，被称为"中国大百科之父"，被誉为"中国的狄德罗"。

主要贡献：

（1）1936—1949 年，任《时代》周刊主编、《时代日报》总编辑、时代出版社社长，从事进步文化活动，翻译大量苏联文艺著作，声援国统区民主运动，培养了一批苏联和俄罗斯文学研究、介绍、编辑出版的骨干力量。

（2）1949—1952 年，任华东人民革命大学附设上海俄文学校（今上海外国语大学）校长和党委书记，培养了一大批新中国急需的外语人才。

（3）1952—1968 年，任中宣部《斯大林全集》翻译室主任、中共中央马恩列斯著作编译局副局长，组织领导《马恩全集》《列宁全集》《斯大林全集》的翻译工程，主持《斯大林全集》和《列宁全集》的翻译和定稿工作，为党的理论宣传工作作出贡献。

（4）1978—1987 年，任中国大百科全书总编委会副主任、大百科全书出版社总编辑，是中国现代百科全书事业的奠基人。

（5）1982—1987 年，任中国翻译工作者协会理事会会长，为发展我国翻译事业、提高翻译水平、培养翻译人才作出了贡献。

图 5-1
姜椿芳像

熠熠星辉
　　——上海高校大师故事

师魂唱响

旧中国积贫积弱，连年战火，被列强欺负嘲笑。如今新中国崛起，百废待兴，正是知识分子大有为之时。以椿芳愚见，国家要立于世界民族之林，就是要培养懂外语的人才。我们目前先开了俄语专业，应对当务之急，未来，在我的设想中，还要有英语、法语、德语、欧洲诸强和亚洲邻邦的各国语言。只有掌握与世界对话的本领，中国才能自立自强。您看，看窗外那些学生，他们来自各行各业、四面八方，他们渴望在新的时代学会新的语言，去帮助中国尽快地文明富强！他们是我们的希望，是中国的希望啊！

——姜椿芳

师者故事

上外首任校长姜椿芳的一生有不少传奇故事，做了很多从无到有的大事。抗日战争胜利之际，他通过刊物积极

图 5-2
大师剧《寻找〈姜椿芳〉》剧照

国之译才
——人民翻译家姜椿芳

声援支持国统区内的人民民主运动、将苏联电影引进中国、掀起话剧运动、确立话剧剧种、受命创办上海俄文学校（今上海外国语大学）、编写最早的俄文教材、能将俄语与上海话直接互译、成为宋庆龄多次重大外事活动的"专属翻译"……他出色的语言能力、爱才惜才的博大胸怀、艰难困苦中造就的高尚灵魂、沙漠骆驼般的钻研精神，无一不让后人感叹他历经磨难却又矢志不渝、以赤诚之心热爱国家的精神。

一、领路人：筚路蓝缕建校，开创上外传统

"老校长"，是上外人对首任校长姜椿芳的亲切称呼。一声声"老校长"，饱含的是一代代上外人对创校校长姜椿芳的敬仰与爱戴。

新中国诞生伊始，百废待兴，建设任务十分繁重，苏联决定给我国提供156个工农业援助项目，并派遣各行各业的专家、员工来华参与建设。国家急需一批俄语人才，以保证中苏双方的合作顺利进行。1949年11月，在陈毅市长的倡议下，中共中央华东局和上海市委决定在上海创办一所培养俄语人才的高等学校。多年从事俄语新闻和文学翻译出版事业、在文化界颇有知名度的时代出版社社长姜椿芳，便成了这所学校校长的不二人选。

不久，市委正式任命姜椿芳为华东人民革命大学附设上海俄文学校（今上海外国语大学）的校长兼党委书记。

面对一无校舍、二无教职工、三无教材的困难，姜椿芳早有思想准备，但要在短短两个月时间内完成开学的一切准备工作又谈何容易。

姜椿芳用他的人格魅力和多年来建立的人脉资源，借到了办学的校舍。尽管学校教室和学生宿舍都破烂不堪，办学条件非常简陋，但姜椿芳深信，在党的坚强领导下，一切都会好起来的。

没有办公室，干部的寝室就是办公室和会议室；椅子不够，就坐在床沿上开会；校园环境差，姜椿芳就领着学生一起动手，平整校园，师生一起挥汗筑路；大礼堂里没有座椅，开大会和听报告就席地而坐……

聘教师、编教材，这也是学校筹备过程中非常重要的工作。在接到筹备任务后，姜椿芳当月即与华东革命大学所派代表涂峰取得联系，一起与上海苏侨协会领导会谈，

图 5-3
姜椿芳（右三）与华东人民革命大学同仁会见上海苏侨协会领导

商谈聘请开学所必需的苏联教员问题。对苏联教员的选聘，不仅要求其具有较高的文化素养和语言教学能力，正确的政治倾向也是一个很重要的标准。

在教材的问题上，姜椿芳原本想自编教材，但因为学校从筹备到开学只有两个月时间，来不及编写，后决定采用现成的《俄文初级读本》和《俄文读本》，这两本教材都是由姜椿芳署笔名"贺青"编著的，所以这些教材又被学生称为"贺青读本"。

从奉命创办上海俄文学校，到1950年1月学校迎来第一批学员，仅用了不到两个月的时间，姜椿芳创造了他人生中的一个奇迹。学校正式挂牌时的全称是华东人民革命大学附设上海俄文学校。1950年2月19日，在上海东体育会路原暨南大学一院（现为上外虹口校区的一部分）举行了隆重的开学典礼，新中国第一任上海市市长陈毅亲临会场并发表讲话,姜椿芳校长在致辞中对上外首批学生殷殷寄语:"你们是幸福的,你们是新中国培养的第一批外语翻译人才,将成为国家的宝贵财富。希望你们积极进行思想改造,建立革命人生观,努力学好俄语,报效祖国。

"我们的学校不是一般的学校,而是一所革命学校。为什么叫'革命学校'?因为这所学校的学习目的非常明确,那就是满足国家的当前建设需要,让我们国家的人民能过上更加美好的生活。大家来到这所学校学习,是为了今后能更好地为国家建设服务,为人民的幸福生活服务。"

想国家所想,急国家所急。姜椿芳创办学校速度之快、办学效率之高令人赞叹。在姜椿芳的领导下,上外自诞生伊始即明确办学目标为培养具有革命人生观的全心全意为人民服务的外语工作者。1950年增设了英文班,1951年又成立东语系。学校从云南、广西一带招来一批归国华侨子弟,开设了印尼语班、缅甸语班、越南语班。

图 5-4
姜椿芳在上海俄文学校开学典礼上讲话

二、燃灯者：投身马列著作编译，奠基中国现代百科全书事业

离开上外后，姜椿芳调任北京，任中宣部《斯大林全集》翻译室主任。1953 年 1 月，党中央为了集中翻译马克思、列宁的经典著作，决定把中共中央俄文编译局、中宣部《斯大林全集》翻译室合并，成立中共中央马恩列斯著作编译局，毛泽东亲自批准姜椿芳任副局长。

从此，他把全部精力用于马列主义著作的编译事业。他为中央编译局的创建和发展，为完成党中央决定的《马恩全集》《列宁全集》《斯大林全集》这三大翻译工程，呕心沥血，日夜操劳。他亲自拟定工作规划，制定翻译条例，物色编译人才，总结翻译经验，统一翻译思想。他不仅积极组织领导三大全集翻译工程，作为俄文翻译家，还亲自主持《斯大林全集》和《列宁全集》的翻译和定稿工作。他还经常被毛泽东、刘少奇、周恩来、宋庆龄点名做俄语口译工作。

中共十一届三中全会后，面对改革开放的伟大航程，各方面工作发展很快，对外活动日益频繁。姜椿芳认为，成立全国翻译协会的时机已经到来。经过努力，1982 年 6 月 23 日，中国翻译工作者协会成立。

对我国翻译事业的发展，姜椿芳认为，翻译工作应该适应时代的需要，跟上国家形势的发展，充分体现时代感。要搞好译协工作，就必须加强国际间的联系与合作，借鉴外国翻译界的经验。而后在他的推动下，中国译协于 1987 年正式加入国际翻译工作者联合会。

中国译协成立以来，在两任会长姜椿芳的带领下，组织了各种规模的国际、国内翻译学术交流活动和会议，将我国最优秀的翻译家、翻译工作者及教学科研人员团结在自己的旗帜下，为促进我国翻译事业的发展、促进中外交流，作出了很大的贡献。

后来，姜椿芳矢志于编写《中国大百科全书》，开启民智，填补我们国家在相关领域的空白，成为《中国大百科全书》创始人，被称为"没有围墙的大学"的校长，被誉为"中国的狄德罗"。

为了编写大百科全书，他拜访各界学者，找了中宣部，国家出版局、中国社会科学院、中国科学院、人民出版社等单位领导商谈此事，得到他们的支持。姜椿芳根据他多年思考探索百科全书的构想，写就了洋洋近万字的《关于编辑出版〈中国大百科全书〉

图 5-5
姜椿芳（中）与巴金（右）、草
婴（左）亲切交谈

的建议》（以下简称《建议》）。1978 年 1 月和 3 月，中国
社会科学院和国家出版事业管理局先后在其内部刊物上
发表了该《建议》，引起学术界和出版界的强烈反响。中央
有关领导同志看了《建议》后，立即通知国家出版局，委托
姜椿芳起草，由国家出版局、中国科学院、中国社会科学
院联合署名向中央提出《关于编辑出版〈中国大百科全书〉
的请示报告》。1978 年 4 月 2 日，姜椿芳连夜起草了这份
报告。5 月下旬，上报中央最高层，得到叶剑英、李先念等
同志的赞同，特别是得到了邓小平同志的大力支持。邓小
平不仅同意出书，还批准成立中国大百科全书出版社来负
责此项工作。6 月初，姜椿芳接到中央批准编撰《中国大
百科全书》的通知。1978 年底，姜椿芳被国务院总理任命
为中国大百科全书出版社总编辑。此时的姜椿芳，一个 66
岁的老人，又开始了一次新的白手起家的创业历程。

没有办公室，就借用国家出版局收发室作为筹备组联
络点；没有经费，就向国家出版局借用 40 元钱；没有人

熠熠星辉
　　——上海高校大师故事

员，就向出版局借用四五个志愿者；没有固定办公场地，就借用版本图书馆 3 间库房作办公之用。

姜椿芳参与了从制定总体规划到确定分卷原则、从组织撰稿队伍到安排印刷出版等艰巨而繁琐的工作。

姜椿芳认为，百科事业是全民的事业，要把全国的著名学者专家都发动起来，才能编出高质量的百科全书。为此他不顾步履艰难，坚持在假日和晚上，趁学者在家时登门拜访，多年如一日。凭着自己的人格魅力，姜椿芳从全国各地请到了一批专家学者来大百科出版社工作，把季羡林、钱伟长、侯外庐、钟敬文、张友渔、华罗庚、苏步青、茅盾、巴金等一大批中国最优秀的专家学者团结到了中国大百科全书的工作之中。

由姜椿芳首先倡导的现代百科事业是时代的需要，代表着时代发展的足迹，代表着广大知识界的抱负和愿望。所以从筹编第一卷《天文学》起，不但很快得到全国各行业和学术界的支持，而且很快引起多方面的共鸣。《中国医学百科全书》《中国农业百科全书》《中国企业管理百科全书》……纷纷兴起，出版界出现了前所未有的"百科热"。姜椿芳被先后邀请担任指导和顾问，作为中国现代百科全书事业的奠基人，他实至名归。

三、《寻找〈姜椿芳〉》：追寻大师精神，传承上外文脉

为纪念创校党委书记、校长姜椿芳革命的一生，上海外国语大学自 2017 年年底就启动以姜椿芳为原型的话剧创作和书稿编撰工作。话剧《寻找〈姜椿芳〉》得到了上海市教卫工作党委、上海市教委的大力支持，被列为大师剧资助剧目，并在排练过程中得到上海戏剧学院专业导演和编剧的创作指导和帮助。该话剧导演、演员均为上海外国语大学学生、校友，以戏中戏的独特表现手法，通过上海外国语大学学生在排练以姜椿芳为原型的话剧过程中的生动故事，展示了姜椿芳为新中国建设、为民族复兴奋斗、革命的一生，而参与演出的学生在排演过程中也深刻地领悟到了老校长的精神内核，产生心灵的共鸣。

2018 年 12 月 28 日，上海外国语大学校史剧《寻找〈姜椿芳〉》温暖首演。校党委副书记王静，姜椿芳老校长家属，剧本顾问孟庆和，上海戏剧学院张生泉、李世涛、王晓丽等莅临现场，与全体观众一同追忆校史，致敬校长。

校史剧《寻找〈姜椿芳〉》采用新颖的"戏中戏"结构，多位上外学子饰演不同人生

阶段的姜椿芳先生，充分展现了先生热血爱国、矢志建校、坚定著书的多种形象。通过讲述上外学子排练校史剧的过程，巧妙而生动地展现出了姜椿芳先生的生平，诙谐而不轻浮，平易而不浅薄，深沉而不古板，带领现场观众体悟到了在 20 世纪那纷乱而迷惘的时代中，姜椿芳是如何白手起家，艰辛创业，创立上外的，以及这背后饱含的中国知识分子对民族复兴的殷切期盼。

在观剧时，现场观众无数次被老校长的拼搏和献身精神所感动。"姜椿芳先生代表了那个时代的中国知识分子的精神、责任和良知。他历经磨难而又矢志不渝的爱国情怀、学养丰富而又虚怀若谷的治学精神、诲人不倦而又谦谦君子的儒家风范，值得我们尊敬！""身为新时代的上外学子，我们更应承继前人的精神，努力学习，不懈奋斗，为建设更出色的上外、更强大的祖国贡献自己的一份力量。"

图 5-6
大师剧《寻找〈姜椿芳〉》剧照

熠熠星辉
——上海高校大师故事

参与演出的学生演员钱宇萌动情地说："演完之后首先我觉得很感动。能够把姜校长的精神和上外精神传递给观众，同时我也能够感受到观众已经接收到我们想要传递的精神，这种心灵的互动让我很感动。并且参演这部剧很激励我，姜校长的精神其实是'骆驼精神'，即能在最艰苦的岁月依然负重前行。如今我们的生活不再艰苦，但我们更应该不忘初心，做好小我并成就大我。"

对于这部大师剧，《姜椿芳校长传》作者、姜椿芳外甥女谭琦看完后表示非常欣喜和感动："这部剧对历史的还原是一种精神性的，让我感觉到身临其境，也很感动，我认为这部剧很成功。而且作为校园剧，不管是演员还是观众都能从中受到教育，我觉得这是最成功的。"

2019年3月15日，上海外国语大学全体教职工大会上，在党委书记姜锋、校长李岩松分别发表主旨演讲之后，上海外国语大学全体教职工共同观看了由上外学子演出的大师剧《寻找〈姜椿芳〉》。

聚光灯下，因激动而颤抖的"老校长"饱含深情地演绎《海燕》的经典台词，台下，近千名教师观众正屏息凝神，不少女教师悄然拭去眼眶里、脸颊上的那抹晶莹。

东方语学院教师王振容难掩心中的激动，已在上海外国语大学从教18年的她坦言："那段历史还真的没有好好了解过，看了以后热血沸腾。看到老校长被夫人搀扶着出来见学生的那一幕，感觉好心酸。新的校史馆什么时候开放？我要带上儿子一起去看！"

俄罗斯东欧中亚学院教师杨波认为，大师剧让她看到了青年姜椿芳的壮怀激烈、中年姜椿芳的举重若轻、老年姜椿芳的坦荡豁达。她感叹，这次观剧非常有意义，"文脉传承，贵在不忘初心"。

精彩的演出打动的不仅是内心细腻的女教师们，西方语系青年男教师李戈说："剧目最后的部分我看得很动情，以前只知道姜椿芳是我们的第一任校长，是非常棒的翻译家，今天才了解到更多关于他的故事。追根溯源，不忘初心，才能更好地展望未来，也让我们更深刻理解了如何'立德树人'。"

"为天地立心，为生民立命，为往圣继绝学，为万世开太平"，治学为人，心中不变的是家国信仰。观看《寻找〈姜椿芳〉》，也是上外人追寻老校长精神、探寻上外建校初心之旅，循着老校长的人生轨迹，全体上外人感悟老校长的精神内核，追寻并传承其开创的上外精神，传承上外文脉！

师道感悟

姜椿芳校长任职上外的时间并不长，满打满算不足3年。1952年他调任北京，开启了作为翻译家、社会活动家和《中国大百科全书》之父的另一段辉煌人生。但是，他筚路蓝缕的创业精神、无私奉献的家国情怀、追求卓越的创新实践、勤勉严谨的治学态度，是留给上外——这所他称之为"母校"的学校——的最可贵的精神财富，也是对上外"格高志远，学贯中外"校训的最好诠释。

——上海外国语大学党委书记姜锋、校长李岩松写于2019年12月《姜椿芳校长传》序

大百科出版社成立时，我参加了许多与大百科没有直接关系的学术会议。我记得在昆明，在成都，在重庆，在广州，在杭州，当然也在北京，我参加的会议内容颇为复杂，宗教、历史、文学、语言都有。姜老是每会必到，每到必发言，每发言必很长。不管会议的内容如何，他总是讲大百科，反复论证，不厌其详，苦口婆心，唯恐顽石不点头。他的眼睛不好，没法看发言提纲，也根本没有什么提纲，讲话的内容似乎已经照相制版，刻印在他的脑海中。我在这里顺便说一句，朱光潜先生曾对我讲过：姜椿芳这个人头脑清楚得令人吃惊。姜老就靠这惊人的头脑，把大百科讲得有条有理，头头是道，古今中外，人名书名，一一说得清清楚楚。

但是，说句老实话，同样内容的讲话我至少听过三四次，我觉得简直有点厌烦了。可是，到了最后，我一下子"顿悟"过来，他那种执着坚韧的精神感动了我，也感动了其他的人。我们仿佛看到了他那一颗为大百科拼搏的赤诚的心。我们在背后说，姜老是"百科迷"，后来我们也迷了起来。大百科的工作顺利进行下去了。

——季羡林《悼念姜椿芳同志》

（撰稿：李磊）

熠熠星辉
　　——上海高校大师故事

化纤泰斗　衣被天下

——化学纤维学科奠基人钱宝钧

大师生平：

钱宝钧（1907—1996），江苏无锡人，我国化学纤维工业和纤维高分子科学的开拓者和奠基人之一，我国化纤专业教育的创建人之一，首届中国工程科学技术奖（光华奖）获得者。

主要贡献：

（1）1951年，钱宝钧参与筹建新中国第一所纺织高等学府——华东纺织工学院，并担任华东纺织工学院副院长兼教务长和纺织化学系主任，为新中国培养第一批纺织人才。

（2）1954年，钱宝钧和方柏容教授联名上书纺织工业部，在华东纺织工学院建立了全国第一个化学纤维专业，为开创和发展中国的化学纤维工业培养人才。

（3）1996年，钱宝钧获评首届中国工程科技奖（光华奖），这是中国纺织界第一位获此殊荣的专家。钱宝钧始终以"衣被天下、经纬兴国"为己任，为我国纺织工业和纺织高等教育事业作出了不可磨灭的贡献。

图 6-1
钱宝钧在灯下伏案工作

熠熠星辉
　　——上海高校大师故事

今日孜孜勤研习，他年翼翼成栋梁。不为一己求安乐，愿作别人嫁衣裳。

——钱宝钧在诗作《欢迎新同学》中用文字寄语
广大青年学生孜孜求学，他日报效祖国。

师者故事

一、坎坷求学，科技报国

1907 年杨柳依依、百花吐蕊的仲春，在无锡西乡新渎桥镇一个依山傍水的钱氏人家，一个小生命呱呱坠地。他就是一生以"济世兴校"为己任，与东华大学结下不解之

图 6-2
大师剧《钱宝钧》剧照

化纤泰斗，衣被天下
——化学纤维学科奠基人钱宝钧

缘的钱宝钧先生。

　　钱宝钧就读于无锡县立高等小学。其间，他饱读了中国古典诗词，深深地被祖国博大深邃的文化所感染。小学毕业后，钱宝钧考入私立无锡中学。学校的创建人是闻名遐迩、毁家兴学的教育家高践四先生。校长治学严谨，教员教泽流长，同学之间切磋学问、砥砺品行。这一切的耳濡目染为钱宝钧日后的高尚人品和严谨治学的作风的形成起了至关重要的作用。

　　1924年，钱宝钧以优异的成绩考取了南京金陵大学，专攻工业化学。因他学业优良、品格端方而留校任教。在战乱频仍的旧中国，大学教师是一份职业稳定、待遇优渥的工作。况且，那时钱宝钧已有一个温馨和睦的家庭，妻子美丽贤惠，儿子惹人喜爱。但面对我国人造纤维技术长期被外国人垄断，处处仰人鼻息受制于人的窘状，钱宝钧决定暂别妻儿，漂流过海，"师夷长技以制夷"。1935年，他

图 6-3
钱宝钧在设计和构思学校发展
宏伟蓝图

熠熠星辉
——上海高校大师故事

如愿以偿地考取英国"庚子赔款"的公费留学生，从而成为曼彻斯特理工学院纺织学院化学系的硕士研究生。钱宝钧的初衷是学习人造纤维制造工艺技术，可让他大失所望的是，该校并不具备这一学习条件。钱宝钧只好退而求其次，到设备简陋的实验室中从事纤维结构的基础性工作。

1937年，由于钱宝钧具有坚实的物理学基础，他的硕士论文备受专家赞誉。可他萦怀于心的是研习人造纤维制造技术，以便学成回国为发展中国的人造纤维工业竭诚效力。系主任斯吾费尔与他惺惺相惜，主动表示愿意支付学费让他到人造丝厂去实习。殊不料，英国人直言不讳地予以拒绝："英国人造丝厂一概拒绝外国人实习。"弱国子民竟遭如此歧视，他的内心如锥刺般疼痛。在无可奈何的情况下，他转向德国寻找学习机会，结果再次碰壁。他愈挫弥坚，最后辗转到瑞典博福斯的诺贝尔火药厂学习化工技术。1938年，他又到了爱沙尼亚的塔林，在几家小型棉

图 6-4
钱宝钧在实验室工作

化纤泰斗，衣被天下
——化学纤维学科奠基人钱宝钧

毛纺织厂实习。其间,他饱受颠沛流离之苦,备受遭人白眼的煎熬。然而,"艰难困苦,玉汝于成"。这一切的磨难成为他铸就日后成功的基石!

二、胸怀家国,献身科研

钱宝钧一生对科研缠心绕怀,不管遇到何种风雨雪霜,都动摇不了他的科研之心。20世纪50年代,我国棉花和羊毛供应不足,需要大量进口。他积极建言献策,疾呼迅速发展我国化纤工业,受到有关方面重视。不久,在他的筹谋奔波下,第一个化纤专业在华东纺织工学院(现

图 6-5
年轻的钱宝钧海外学习的留影

熠熠星辉
——上海高校大师故事

图 6-6
钱宝钧一生尽忠报国，这张照片反映了他的心声

为东华大学）创建。同时，钱宝钧也投入粘胶纤维的研究工作。

生产粘胶纤维本来用的原料是木浆，但我国木材资源紧缺，远远满足不了生产需要。为了解决粘胶纤维的材料来源问题，钱老曾研究过用草类纤维代替木浆，但这种探索未取得实用效果。钱老并不气馁，他改弦易辙，经过反复探索，不断尝试，终于在我国首先研制成功以棉浆代替木浆作为粘胶纤维的新原料。这一创造极大地推动了我国化纤工业的发展。当时，苏联一位被誉为"化学纤维的缔造者"的科学家称，钱先生的发明在国际上属于首创，应该大力开发。

在那些上下求索的日子里，废寝忘食成为钱老的生活常态。一次，已是下午 4 点多了，夫人见他还未回家吃午餐，就把午餐送到实验室。钱老却说："放着和晚饭一起

化纤泰斗，衣被天下
——化学纤维学科奠基人钱宝钧

吃吧！"

正当钱老踌躇满志，准备在化学纤维研究领域大显身手时，国内一场空前的浩劫降临，钱老也在劫难逃。当时，他的名节和人格受到无端羞辱和践踏。漏船偏遭当头雨，钱老的体质也严重下降，双眼患上了小柳－原田综合征。但是，就是这样的逆境下，他也义无反顾、一如既往地迷恋着他的化纤事业。多少个夜晚，透过他居室的窗户，总可以看到一位老人在伏案工作，直至深夜，乃至东方露白。许多老师关切地问："你究竟图个啥？！"

更令人难以置信的是，我国第一代多功能纤维热机械分析仪的雏形是钱老当时含垢忍辱，在一无资金、二无设备的情况下，赖仗他回沪度假的小儿子的协助，用自制的构件研制成功的。如今钱老研制的多功能热机械分析仪的性能依然优于国际同类产品。

20 世纪 80 年代后，步入古稀的钱老，已是功成名就，他完全有理由安享晚年。他在国外的大女儿专为他买了一幢别墅，并多次请他去国外定居，钱老决然谢绝。他只身一人住在学校宿舍，继续攀登在科学高峰的崎岖道路上。清晨，他在自己家中，在他夫人为他留下的月季园中散步。上午，前往实验室。攀爬 90 多级楼梯对于年轻人是件轻而易举的小事，可对一个视力衰退、腿脚不灵活的老人却殊为不易。但他仍坚定地一级一级攀登着，每天准时来到实验室，风雨无阻，第四节课下课铃敲响后才缓缓离开。

钱老自己也未曾预料，他的科研鼎盛时期竟在他的耄耋之年。在这段时期，钱老潜心研究纤维中大分子缠结理论，这是国际上领先的一项科研项目。并将研究成果陆续写成论文公开发表。"探宝龙官有老夫"，这是一位友人送他的一句诗，也是他老当益壮，依然忠实地从事着其事业的一个写照。

三、培育后学，师恩如山

钱宝钧是我国著名的教育学家，他对学生的指导倾心悉力，对学生的关心无微不至。

对于研究生，钱宝钧总是根据学生的不同情况，因材施教，分别指导，精心为每一位研究生制订学习计划和研究方向。对于学生的实验数据和曲线，他审阅再三，一旦发现疑问，自己都要反复验证直到核实为止。即使年迈体衰，身染眼疾，钱老依然一丝不苟，常常借助放大镜分析研究数据。对于研究生的论文，钱宝钧也是不厌其烦地修改，斟酌观点，润色文字，甚至一个标点、一个字母也不放过。

在竭力帮助学生学好基础理论的同时，钱老还很重视学生动手能力的培养。他平时经常泡在实验室里，指导学生做实验。一些学生害怕出错，畏首畏尾，他就鼓励学生不要害怕，放胆去做。陈彦模教授动情地回忆说，他当初就视做实验为畏途，是在钱老的极力"怂恿"下，才无所顾虑地动手去做实验。一次因不小心把一个关键的玻璃仪器弄坏了，内心焦灼不安，钱老知道后，和颜悦色地说："不要紧，弄坏了修一下就是。"随即卷起袖子，戴上老花眼镜，在火焰喷灯前仔仔细细地修复仪器。

图 6-7
钱宝钧与青年教师共同研究课题

83

化纤泰斗，衣被天下
——化学纤维学科奠基人钱宝钧

钱老在教学科研上是严师，在生活上又像慈父，他经常亲切地询问同学们的学习、生活和家庭情况。有时学生做实验误了就餐，他就把学生请到自己家里去吃。三年自然灾害时期，一位研究生患了重病，需要喝牛奶，可市面上又买不到，钱老毫不犹豫地把自己的一份让给了这位学生……

钱老这种"爱生如己，教生如子"的崇高精神，赢得了广大同学们的无限爱戴。一次在校园里，20多位同学异口同声地向钱老打招呼："老院长好！"至今不少钱老的学生，每每言及钱老，就情难自禁，眼眶湿润……

四、淡泊名利，奉献一生

钱宝钧先生淡泊钱财。1951年教育部和纺织工业部批准成立华东纺织工学院，国务院委任钱老担任华东纺织工学院副院长兼教务长和纺化系主任。虽然职升任重，但收入被"拦腰斩断"，每月300元，仅为原公益研究所工资的一半，而且一拿就是几十年。对此他毫不计较，处之泰然。

节俭是钱老的"注册商标"。家里一台洗衣机，旧得都可以进废品收购站，可他依然敝帚自珍；热水器已成为普通百姓家的寻常电器，可钱老家却舍不得安装。

厉行节约、不讲排场是钱老的一贯做派。有一次，学校与美国克莱姆大学进行学术交流，该校派出一个代表团到学校访问，学校专门为此新装修了一个专家招待所，但因时间仓促，有些设施未达到预期要求。负责接待的人主张暂不使用，还是到外面去找宾馆。钱老却认为，招待所虽不豪华，但卫生设备、家具暖气、通风等都已符合一般标准，与国外大学的招待所相比并不逊色。因此他坚决主张不要只是为了面子而去铺张浪费，就让外国专家住学校招待所。

对于公家的钱，钱老从不乱花，能省则省。据他的学生潘鼎回忆：1981年，他陪同钱老去西部访问，收到了赠送的大量资料、图片、样品。由于"辎重"太多，他提出把不重要的扔掉一点。钱老听后大为不悦，说这是校友送给母校的礼物，礼轻情重，怎能随便丢掉。他又提出从邮局寄回，钱老没有同意，说公家的钱能省一分就省一分。于是，师徒二人大包小包，手提肩扛辗转数千里将资料悉数带回。

花公家的钱，钱老"抠门"成性；但为了公家的事，他花自己的钱却毫不吝啬。为不使我国的化纤研究领域与国际脱轨，钱老密切关注着国际上化纤领域的发展动态，保持着和国际上著名专家、学者的联系和往来。每次国外的专家和友人来访问，钱老总是热情招待，但他从不以院长的身份公费宴客，而是自掏腰包。20世纪80年代初期，为了加强国际的学术交流和外国留学生教学的需要，学校筹划建造了专家楼。为使大楼能达到较高的水准，同时减轻国家的负担，钱老慷慨解囊，主动捐资从国外购买了25套洁具。钱老平时自己省吃俭用，工资也算不薄，可经常还要在美国工作的大女儿寄钱"接济"，难怪当时校内流传着一句佳话：钱老是贴钱做院长。

钱老堪称为人师表的楷模，他身教重于言传，鼓励学生成才，捐款在学校设立"爱祖国、爱人民、爱科学、爱劳动、爱社会主义"的"五爱奖学金"。病重期间，他仍念念

图6-8
钱宝钧忘我工作，师生聚会变成了工作例会

85

不忘学校的建设和发展，嘱咐子女要把他一生的积蓄捐给学校。钱老逝世后，他的子女为了实现父亲生前的心愿，为了学习父亲的高尚风范，决定将"五爱奖学金"扩大，即把父亲所获中国工程科技奖奖金 10 万元、父亲一生积蓄 15 万，再增补部分，共计 50 万元人民币作为启动资金，设立"钱宝钧教育奖学金"，用于对东华大学的化纤基础科学研究、优秀研究生以及优秀教师的奖励。对于钱老的义举，时任上海市委副书记的陈至立同志说："钱老的精神如同一团永不熄灭的爱心之火，温暖和照耀着学校的每位师生。"

师道感悟

"不为一己求安乐，愿作别人嫁衣裳"，钱老的精神影响了我们材料学院的几代人，对学术，无论何种先进纤维，只要国家发展有需要，老百姓生活有需求，我们材料人就会孜孜以求、奋发图强；对学生，我们会像钱老一样爱生如子，培养"理工结合、中西合璧、全面发展"的国家及行业栋梁。我们的一大梦想就是让学院代代传承这样的师德师风，让东华大学材料学科教育跻身世界前列，实现钱老的教育梦、人才梦。

——朱美芳（中国科学院院士、东华大学材料学院院长）

父亲是生活在祖国的苦难、革命、战争、解放、"文革"、改革开放等整个激烈变动时代中的知识分子，他的一生和整个中国的命运紧密相连。父亲那代人传承了中华几千年文化中士大夫的优秀品质，他们内心想的是"国家兴亡，匹夫有责"，他们一直就是"先天下之忧而忧，后天下之乐而乐"，总是把国家民族大义放在前面。父亲去世后的近 20 年，中国发生了翻天覆地的变化，把父亲那代人身上的精神传承下去，我们的国家会更有希望。个人再伟大，相对于历史而言，都是平凡的，父亲是个普通人，希望话剧在舞台呈现时能表现出真实的父亲并突出父亲那一代人，体现那个时代。

——钱敏平（钱宝钧小女儿、北京大学数学科学学院教授）

所谓"十年磨一戏"，大师剧《钱宝钧》的题材无疑是永恒的，因为它是一位科学家、教育家的戏，是一个大写的中国人的戏，鲜活的故事最能直击受众内心。相信在东华大学党委和话剧创作团队的持续努力下，这部戏会越建设越好。

——陆军（大师剧《钱宝钧》剧本指导、上海戏剧学院创作中心主任）

1951 年，中国院系大调整，在筹建华东纺织工学院时，钱先生认为当时中国化学纤维研究处于完全空白状态，就与方柏容教授于 1954 年创办了化纤专业。当时为了办好专业、设置好课程，我还被派到苏联攻读博士学位，学习苏联如何开展化纤教育。1963 年，学校设立博士点，钱先生高瞻远瞩，认为纤维不只局限于衣服纤维，还要发展结构纤维、功能纤维，并组织我们开展教学科研，服务行业企业。

——孙桐（原华东纺织工学院化纤所副所长）

钱先生说，高分子物理中有两大著名难题，一是玻璃化转变，二是大分子缠结，这两个难题都是关于分子基团是如何合作运动的，破解这两个难题离不开基本的物理化学理论。在做研究生论文时，钱先生给我一本经费本并提供聚酯熔融高速纺丝实验室，由我自主选题，鼓励我深入研究。实验结果出来后，他还一字一句地帮我修改英文论文稿，发表在 1986 年 *International Polymer Processing* 创刊号上，并鼓励我将实验发现投入工程应用，他对我说："做理论的人也要随时发现和注意理论的应用，理论工作者做点工程项目对调节大脑有好处。"

——吴嘉麟（钱老学生，东华大学材料学院研究员）

毕业时，我已经答应去金山石化厂了，钱先生希望我留校先做研究，他当时让李繁亭老师帮做了很多具体的沟通与协调。金山石化那边本来是同意给我房子，什么都弄好的。他当时就说，把他自己的房子让给我住，他住在另外一个朋友家里。我在钱先生家一住就住了一年，慢慢地和他熟了。他当时已经有国际地位了，是世界上都是顶尖的学者。……还有，每个青年教师出国以前，他都必须到你家里来一次，来和你聊聊学点什么东西，帮你指导指导……到了90年代，我去美国做访问学前，他都将近90岁了。那天我还在单位工作，家里打电话来说："钱先生来了！"当时，他是一个人走过去的，没人扶，走到3楼敲门就进去了。我一听吓死了，我家当时条件也不好，他就弄了一个板凳，坐在板凳上等我回去。那真是感动，那么大年纪了，回到家里他跟我谈，"你出去要学什么"，说起这个真是我眼泪都要出来的……

——胡学超（钱老学生，东华大学材料学院研究员）

（撰稿：朱一超、孙庆华、彭这华）

熠熠星辉
——上海高校大师故事

国之英烈

——爱国主义教育家刘湛恩

大师生平：

刘湛恩（1896—1938），湖北阳新县人。我国近代著名爱国教育家，沪江大学（今上海理工大学）首任华人校长，职业指导专家，为抗日救国英勇捐躯的革命烈士。

主要贡献：

（1）作为沪江大学首任华人校长，他提出大学的三重使命：培养人才、研究学术、改造社会。他以"学术化、人格化、平民化、职业化"为蓝图致力于校务革新。他让中国学者成为学校管理和教学的主角，把学校纳入国民政府教育体系，通过一系列的中国化举措，将沪江大学从"在中国的大学"变成"中国的大学"。

（2）作为一个伟大的爱国主义者，他为国努力而死，至死不受伪命。

（3）作为职业指导专家，他力倡学以致用，教育服务社会。在"职业化""平民化"的规划下，沪东公社和沪江城中区商学院逐渐得到发展并成为沪江特色，城中区商学院更为上海工商界培养了一批高质量的工商管理和财会人才。

图 7-1
刘湛恩像

熠熠星辉
——上海高校大师故事

师魂唱响

学校为栽植人才之园地，欲其桃李之丰收，须求耕耘之努力。如何可以服务人群，如何可以改造社会，言其职责至为重大。应勿忘学校乐育人才之本质，而以力求致用为依归。

——刘湛恩（载《沪江大学》1931年年刊序）

余甚希望吾大四毕业同学，本"己立立人、己达达人"之宗旨，以奋斗精神，牺牲决心，坚忍意志，各尽本色，随时随地，积极努力，以毋忘青年对于社会，对于国家，对于民族，应尽之义务，与其应有之责任。

——刘湛恩（载《沪江大学》1935年年刊序）

我们试图在这里坚守"精神堡垒"。虽然我们不得不

图7-2
大师剧《刘湛恩》首演剧照

国之英烈
——爱国主义教育家刘湛恩

在军事上撤退，但我们必须在文化上坚持下去。

——刘湛恩致中美协进会孟治的信（1938 年 4 月 5 日）

师者故事

一、逆境求知　学贯中西

刘湛恩（1896—1938），湖北阳新县人，出身贫苦，自幼丧父，由母亲在教会医院打工辛苦养育。1918 年，刘湛恩毕业于苏州东吴大学医学预科，获理学学士学位，获奖学金赴美国留学深造。留学期间，刘湛恩深感国家的强弱和国民教育的程度高低关系极大，决心以教育救国为自己的终身职业。他弃医从文，1919 年和 1922 年，先后于美

图 7-3
刘湛恩博士与外籍校长魏馥兰
在就职交接仪式上

熠熠星辉
　　——上海高校大师故事

国芝加哥大学、哥伦比亚大学获教育学硕士和博士学位。

1928年2月，沪江大学校董会推选年仅32岁的刘湛恩博士为首任华人校长。刘湛恩博士在就职典礼上发表了题为"大学之使命"的演说，认为大学有三重使命：培养人才、研究学术、改造社会；他以"学术化、人格化、平民化、职业化"为蓝图致力于校务革新；他广招有真才实学的中国学者到校任教，让中国学者成为学校管理和教学的主角，把学校纳入国民政府教育体系，通过一系列的中国化举措，将沪江大学从"在中国的大学"变成"中国的大学"，为近代高等教育作出了积极贡献。

刘湛恩在掌校10年间，对学校进行了卓有成效的整顿与改革。他重视职业教育，1931年创办城中区商学院，开国内夜大学之先河，为上海工商界培养了一批高质量的工商管理和财会人才；他强调实践教学，在杨树浦附近工厂区和农村设立社会服务和调查中心实践基地。这些改革使沪江大学在当时的私立大学中以学风淳朴闻名，较少教会气，更多中国化，尤其商科和化学系，在教学水平上居上海各大学之首。

九一八事变后，刘湛恩积极投身国民外交活动，为救亡图存奔走疾呼。"八一三"淞沪抗战爆发后，沪江大学校本部迁入城中区商学院校址，继续办学。刘湛恩除主持校政外，还积极从事抗日活动，先后担任上海各界救亡协会理事、上海各大学抗日联合会负责人。1938年南京伪维新政府成立，邀请他出任"教育部长"，被断然拒绝。屡遭恫吓后，于4月7日在上海街头惨遭日伪暴徒狙击殉难，年仅42岁。

二、追求卓异　教育救国

1922年9月，刘湛恩留学回国后，任国立东南大学教授，次年抵沪，在大夏、光华大学兼课任教。他宣传"教育救国""公民教育"，兴建沪东公社；他提倡职业教育和职业指导，并任上海和南京职业指导所主任，与邹韬奋共同负责中华职教社职业指导委员会工作，嘉惠无数失学、失业青年。

中国的公民教育思想萌芽于清末民初。刘湛恩是公民教育运动的主要组织者和领导者之一，他认为"救国之道，无过于提倡公民教育；求公民教育之普及，才是正本清源之计"。公民教育不仅仅是为了提高人们的政治觉悟，更是为了综合性的公民素质的提升，他积极策划公民教育运动，组织公民教育团体，发行公民教育刊物，对公民教育思想和民主观念在中国的引进与传播发挥了重要作用。

1917 年，由沪江大学社会学系教授葛学溥（Daniel Harrison Kulp）主导，在杨树浦路眉州路工厂密集区，沪东公社（The Yangtzepoo Social Center）创立了。这既是大学的教学实验基地，也是中国第一家社区服务机构，开启了近代中国社会服务事业的先河。初期作为一个社区服务中心，沪东公社主要开展慈善救济、社会改良和大众教育活动。刘湛恩接任沪江大学校长后，更加重视沪东公社的社会服务能力的提升，将其作为举办职业教育和文化补习学校的实验园地，给予沪江大学附近工厂区职工学习文化的方便。刘湛恩多次深入公社了解情况，进行指导，成为公社精神上的领袖。在他的奔走支持下，沪东公社中小学和工人夜校自 1932 年起得到工部局资助。据 1936 年的调查，沪东公社办平民教育，除了已经成为正规学校的沪东中小学外，每晚工厂下班后，有 100 名女工和 434 名男工

图 7-4
刘湛恩（左一）抗战初期与陈鹤琴（右一）在宜兴桥工学团踏勘时与该校师生合影

熠 熠 星 辉
——上海高校大师故事

到公社来学习，另外还有一个50人的扫盲班。通过"沪东公社"这一平台，沪江大学基本上做到了实务工作、专业教育与学术研究的结合，即以大学为依托，把公民教育、人才训练和社会服务结合起来。沪东公社的规模日渐扩大，声誉日隆，成为全国劳工教育的样板。

1917年，中华职业教育社成立，拉开了中国近代职业教育快速发展的序幕。刘湛恩留学回国后，就加入了中华职业教育社，大力推行当时国内还很新鲜的职业指导工作，编写了许多相关的专业书籍和文章，是我国早期职业指导运动的重要开拓者和职业指导理论的主要奠基人。刘湛恩认为"任何正当的职业都有服务社会的同等价值、都是平等的"，强调"培训学生的自立经营之组织能力""使人人乐业"，大为增强了职业教育的社会性。1929年，他代表中华职业教育社赴瑞士日内瓦出席第三届世界教育会议，回国写成《参观欧美职业学校与其专家讨论职业教育问题后之感想》一文，发表此行所感所想。他同样

图 7-5
刘湛恩（后排右四）与中华职业教育社的同仁合影（后排左三为黄炎培）

国之英烈
——爱国主义教育家刘湛恩

把职业教育的理念融入了沪江大学的办学之中。

沪江大学素有注重职业化教育和社会服务的传统，刘湛恩担任沪江大学校长后，提倡"大学的目标是提供学术领袖，培养那些为社会服务并使自己和周围人具有良好的生活品质的人"，主张高等教育的职业化，发展应用性专业教育，进行社会办学。

1932年，在金融界资助下，刘湛恩委托朱博泉选址圆明园路真光大楼，开办沪江城中区商学院，时设会计、银行、工商管理、国际贸易、英语等系、科，以帮助清寒好学的青年完成大学学业，增进效能。沪江城中区商学院与国内社会团体合作，通过这些团体，"城商"得以广聘上海名家任教，与上海的社会各界融为一体。1935年，开拓职业补习教育，其夜大学的学历，获得教育当局认可。沪江城中区商学院及其夜大学的开办，既是刘湛恩对导师孟禄（Paul Monroe）"把教育送入人间"理念的尝试，也是利用社会力量，发展平民教育事业，提高民族素质的实践，开创了中国大学创办夜大学之先河。

图 7-6
沪江大学城中区商学院教职员
会议（后排中为刘湛恩）

熠熠星辉
——上海高校大师故事

三、乐育群才　大爱情怀

刘湛恩一再强调大学不仅是传播学业的场所，而且是教育做人的地方。他亲自向每届一年级新生讲授必修课教育学，从人生、道德、社会义务等方面教导学生要树立正确的人生观，勉励学生学成后到农村去，到边疆去，脚踏实地工作，为边疆作贡献。他在 1937 年《沪江大学》年刊上寄语学生："深望诸同学此后无论就何职业，应服膺'信义勤爱'之校训，秉承牺牲服务之精神，努力在公，积极处世，以求工作之美满，效能之增进。"

刘湛恩反复强调"沪江是大家庭"，推崇平等、互助、博爱的"大家庭"精神，强调通过发扬师生之间、学生之间的亲密互助来造就一种"大家庭"的校园文化，鼓励师生间建立陶冶精神的小型社团，以形成紧密、融洽的关系。刘湛恩以身作则，对学生爱护有加，与学生打成一片，形成亦师亦友的关系。他经常把学生们请到家里聚会谈心。有位学生回忆在他家中聚会的情形："他和我们一样热烈讨论，和我们一起谈笑，和我们一起游戏，和我们一起唱歌，毫无隔阂。他和我们完全一样，同时，还有他的夫人。有一次，他做游戏输了，认罚唱了一支《胖子哎唷》。"

刘湛恩出身贫寒，虽任职"贵族学校"，但认为学校不应专为中上层人士的子弟服务，也应面向贫寒子弟。他在沪江大学设置了多种奖学金、助学金，并大力提倡半工半读，以帮助家境贫困、学习勤奋的学生修完学业。有的学生参加爱国民主活动，校方企图以不让毕业来阻挠，刘湛恩与校方进行说理斗争，保证这些爱国学生得以毕业。个别学生寒假期间因路费困难无法回家，他就让学生住在自己家中。他还非常关心这些学生毕业后的出路，为他们介绍工作。

刘湛恩不仅是一位著名的教育家，更是一位坚定不移的爱国者。早年他于九江同文书院求学期间，就参加过孙中山领导的"二次革命"。一战结束后，帝国主义各国在巴黎和会上进行交易，竟将德国非法强占我国胶东半岛的权益转归日本。1921 年，他以中国学生团体代表身份参加华盛顿大会，美国总统威尔逊对公众发表演说，宣扬会议的成就和美国的"公正无私"立场，刘湛恩在人群中振臂用英语厉声责问："我们的山东省怎样啦？我们决不同意！"他严正激烈的爱国行为，遭到美方特工人员的痛恨，以致被捕。后经中国留学生及侨胞联名抗议始获释放。

抗日战争爆发后，刘湛恩先后担任了上海各界人民救亡协会理事、上海各大学抗日联合会负责人等职，他为宣传抗日、支援前线、救济难民、安抚流亡之学生、从事国民外交不遗余力，被称为"在野的外交"。为此他经常受到敌人的恫吓。有一封恐吓信写道："至少增开两门日本课程，并另加一位日本监督（或校长）。我们责成你们在本学期实行此制度，不然你与你校学生之安全将不负责。"他还收到一筐注入毒药的水果。这时，不少友人劝他离沪暂避，但他表示留在上海的抗日协会负责人已所剩无几，沪江大学行政也必须有人主持，决不能临危退离。他曾对他夫人刘王立明说："我生平教导学生应为祖国献身，自己就应当以身作则，做出榜样。你如能带领孩子离开这里，我就无后顾之忧了。"

1938年4月7日晨，刘湛恩在上班途中，被敌人枪杀在光天化日之下。刘湛恩被暗杀的噩耗震惊中外。在整个抗战时期，刘湛恩是最先被敌人暗杀的文化名人，也是全国唯一遇难的大学校长和基督教领袖。他为中国高级

图 7-7
刘湛恩携妻儿在沪江大学校园留影

熠熠星辉
——上海高校大师故事

知识分子、高等教育界和宗教界树立了威武不屈、大义凛然的典范。1985年4月3日，中华人民共和国民政部追认刘湛恩为"革命烈士"。

师道感悟

　　本年二月里就职的簇簇新的校长，便是刘湛恩先生。

他的绰号叫"格索林"（gasoline），也就是汽车上用的汽车油。汽车装满了汽车油，引擎砰砰地响，便蓬蓬勃勃地向前进。刘先生办事的时候，会议的时候，与朋友讨论问题的时候，无论怎样困难，别人垂头丧气，咨嗟叹息，他总是一团高兴，口若悬河，积极地干去*，犹之乎使得汽车引擎砰砰地响的汽车油一样。

　　　　　　　　　　　　——邹韬奋《簇簇新的校长》（1928年4月22日）

　　他超脱政治，在他热情洋溢的身上交织着世界公民的国际主义品质和中华民国公民的爱国主义品质。在最近数月中，刘博士把绝大部分的精力用于救助战时难民的工作。此间国际红十字会组织的负责人约翰·厄尔·贝克博士（Dr.John Earl Baker）称赞刘博士在当地从事筹款和把钱分给贫苦受难者的工作是个"火花塞"。尤其重要的是刘博士在各地中国学生中的影响……

　　　　　　　　　　　　——上海英文《文汇报》在刘湛恩遇刺次日发表的社论

　　　　吾们的一切一切，为的是国家民众。

　　　　一切一切，倚靠着国家和民众。

　　　　一切一切，贡献给国家和民众。

　　——黄炎培《殉国者刘湛恩博士纪念词——殉国第二周年纪念》（1939年4月）

　　我觉得他有几乎无穷的精力，这使他能把那么多的事情做好；他对待华洋人等都谦

————————

* 原文如此。

国之英烈
　　——爱国主义教育家刘湛恩

恭有礼，这使他平易近人；他有渊博的学识，这使他在面临问题时有整套的主意；他有开明和向前看的态度，这使他愿意接受任何改善他自己或大学的建议；他的整个身心都具有良好的服务精神，这使他永远地乐于助人；他有不惧艰险的勇气，这使他虽在被刺前多次遭到威胁却仍义无反顾；他有着对敌人的宽宏大量，这使他不但不责骂他们，而且能够用林肯所谓"不对任何人怀恶意，对所有人都待以慈悲之心"来对待他们。

——海波士（J.B Hipps）《刘湛恩赞》（1938 年 4 月）

刘湛恩博士将永远生存在中华民族之中，与中华民族共垂不朽。

——恽逸群《悼刘湛恩博士》（1938 年 4 月 8 日）

刘先生的死是为国努力而死，是拒绝伪命而死；刘先生的死是光荣的死，是等于为国牺牲的战士的死！至死不受伪命，这种可敬的精神、伟大的人格，实不愧为中华民族的一个好男儿，值得我们最高的崇敬。

——邹韬奋《敬悼不受伪命的刘湛恩先生》（1938 年 4 月 9 日）

民族解放的热情，

燃烧着你的心灵，

使你不顾虑危险，

与暴敌不断地斗争，

维护正义，拯救难民，

动员民众是你震天的口号。

谁曾想到，

在这"圣战"长征的途中，

你竟要付那最高的代价

——流你的宝血，

牺牲你的生命？

熠熠星辉
　　——上海高校大师故事

富贵不能淫，

威武不能屈，

你的精神不死，忠勇的战士！

蠢敌虽然杀害了你的身躯，

却忘记了你的妻儿、学生、同志必将为你复仇！

——在这东亚的大陆上，

复兴一个伟大的民族；

永远地团结、自由、平等，

正如旭日的东升，

洪潮的汹涌。

——刘王立明《先夫刘湛恩先生的死》

（1939 年 4 月 7 日）

    刘湛恩从国家命运的高度来看待教育事业的重要性，他的教育思想结合中国实际的"教育中国化"及其"知行合一"的实践精神和献身精神，是中国教育思想中一笔宝

图 7-8
每年清明，上海理工大学师生都会来到龙华革命烈士陵园，深切缅怀长眠于此的刘湛恩烈士

国之英烈
——爱国主义教育家刘湛恩

贵的财富。

——陶飞亚写于上海大学（2016年）

　　在我眼里，刘湛恩是"最中国"的海归。提到海归，我们头脑里的文字形象是鲁迅笔下的假洋鬼子，是曹禺笔下的张乔治。事实上，在中国国情非常糟糕的时代下，出国留学的人反而更爱国。

——孙惠柱（大师剧《刘湛恩》导演，2016年）

（撰稿：翁佳）

三尺讲台系航运

——航海教育家陈嘉震

大师生平：

陈嘉震（1913—2003），福建福州人。我国著名航海学家、教育家，长期从事航海教育和航海研究工作。

主要贡献：

（1）长期从事航海教育工作，曾在贵州桐梓海军学校、上海海军军官学校、吴淞商船专科学校、上海航务学院、大连海运学院、上海海运学院等校任教，为新中国培养了一批高级航海人才。

（2）1959 年受交通部调遣参加上海海运学院的筹建工作，并于 1981—1983 年任上海海运学院院长，为上海的高等航海教育事业作出了卓越贡献。

（3）编著《航海天文》《天体高度方位图》《航海球面三角学》等航海教材书 10 余本，促进我国航运教育事业的发展。

（4）参与编撰《航海科学技术十年发展规划》，参与编撰《航海史话》《中国航海史》等著作。

图 8-1
陈嘉震像

熠熠星辉
——上海高校大师故事

师魂唱响

　　我是近70岁的老人了，在旧社会混过了半生，经历了军阀混战、国民党专政各个时期。目睹那时的政治腐败，备受帝国主义国家的侵略和压迫。国势微弱，慨愤填膺，彷徨迷惘，不知适从。1949年新中国成立了，我参加了祖国的伟大社会主义革命和社会主义建设，并学习马列主义、毛泽东思想，我才开始对共产党逐步有所认识。现实生活教育我：共产党政策是正确的，社会主义是能挽救中国的。我从心底里拥护中国共产党，相信只要坚定地按照共产党的方针、政策、路线去从事建设，中国一定能兴旺发达，中华民族的尊严一定能得到发扬光大。即使在十年动乱的日子里，我也没有动摇过对党的信心。

　　三中全会以来，我深受党的路线、方针、政策的感召，"四化"壮丽远景的鼓舞，我怀着像黄昏时刻的赶路者，必须抢在夕阳下山之前赶到车站那样的急迫心情，在自己尚能为党、为祖国做些贡献的无多的岁月里，加倍努力，为

图8-2
大师剧《陈嘉震》剧照

三尺讲台系航运
——航海教育家陈嘉震

党多做些能做的工作，以弥补过去的损失。然而，一个人的力量毕竟是有限的，只有汇集了多数人的智慧和力量，"四化"才能早日实现。为此，不揣简陋，渴望加入伟大革命行列，做一个忠诚的共产党员，在党的领导下，努力改造自己的世界观，为党的事业，为实现共产主义的理想奋斗终身！

——陈嘉震

师者故事

一、满腔爱国情

陈嘉震自幼家境清贫，5 岁丧母，11 岁慈父见背，孤苦伶仃，茕茕子立。幸有族亲抚育接济，少时求学于榕市英华书院和青年会中学，勤学苦读，品学兼优。

福建省东临大海，昔时青年学子皆钦慕本省海军宿将萨镇冰、陈绍宽等英雄人物，而且陈绍宽曾卒业于马尾海军学校的前身清末马尾水师学堂，因此他们大多怀有投笔从戎、参加海军、报效祖国的志向。1930 年秋，陈嘉震以前 10 名的投考成绩进入马尾海军学校就读。1934 年末又名列前茅应征在南京海军学校鱼雷营见习。1931 年 6 月，国民政府海军部长陈绍宽亲自挑选 8 名士官生，派往晚清时萨镇冰将军曾留学的英国格林尼治皇家海军学院深造，陈嘉震又以优异成绩入选。出国之前，陈绍宽部长在欢送会上勉励他们："为建设中国现代海军而留学深造。"

1935 年 8 月，他们从上海乘轮船来到伦敦，被分配在巡洋舰，边上课边见习，学程 15 个月。1937 年转入格林尼治皇家海军航海学院受业。1938 年又被派到朴次茅斯军港航海专修学院攻读航海专业课。此时，国内爆发了卢沟桥事变和"八一三"淞沪事变，日寇相继侵占了我国的半壁江山，海军部电令他们 1939 年春学成回国后参战。

此前不久，在陈嘉震留学生涯中，曾发生过一出梦幻般的小插曲。当他们从军舰调上岸在院校学习时，都分别寄宿在校园附近的居民家。陈嘉震寄宿处的房东是一对退休的老工人，膝下有个正在读职校的独生女，她庆幸家中住了位有学问的大学生，便经常向陈请教功课，每次都得到满意的指导。日子长了，二老得知陈的孤儿身世，便萌生恻隐和爱怜之心。英国是个海洋国家，尊重海军军官是一种社会风尚。而今，二老忽闻中国留学生即将回国，他们终于向陈表露了挽留之情。陈嘉震恍然觉察出这个误会，便诚恳地正告他们，来英留学是受国家的派遣，现在祖国处于危难之中，军人的天职是保国安民，所以一定要回国参战。他这种慷慨赴难的爱国行为感动了二老，他们便改变了初衷，转而鼓励陈回国抗日。于是陈嘉震辞别二老，与7位同学几经艰难曲折，长途跋涉，绕道河内，从广西入境抵达重庆，以致到海军部报到时，随身携带的书籍资料衣物等丢失殆尽。陈绍宽在欢迎会上，恳切地对他们倍加慰勉，随即命令他们奔赴长江中游皖赣鄂，参加布雷游击队，阻击日舰西犯。1940年秋，他又被调到长江宜巴区和渝万区海军要塞，遏制日舰攻川。为了有效抗击来犯日舰，他们克服军用器材十分寡陋的困难，发挥在英国所学的新技术，配合军工制成水雷和鱼雷，又亲率水兵到沿江前线布雷和发射鱼雷，抗击日舰进攻。

当时，抗日前线的军旅生活是非常艰苦的，他们这些留过洋的大学生能够与士兵同生死、共患难，严守阵地，极大地鼓舞了战士们抗日救国的决心。

二、胸怀育英志

1941年末，日军挑起太平洋战争后，战火燃遍东亚。由于其兵员、战略物资的匮乏，遂放缓了对中国内陆的进攻。1943年8月，陈嘉震被调往贵州桐梓海军学校任航海教官兼学监。此校乃13年前他卒业的母校——福州马尾海校，抗战初期因福州沦陷撤退到这里。现在虽然校舍简陋、生活艰苦，但仍坚持自清末左宗棠、沈葆祯创办船政厂校所树立的严谨学风。而且校长又是福建老乡邓兆祥，所以他感到一切都十分熟稔和亲切，尽心把在英国学到的航海科学知识传授给学生，从此奠定了他献身航海教育的志愿。

1945年日军投降后，海军部又调他到上海海军军官学校任航海科主任。是年末，蒋介石突然以陈绍宽反对内战为由，罢免了他任职多年的海军部部长职务，却派蒋的嫡系亲信、陆军出身的桂永清接管海军总司令部（即以前的海军部）。陈嘉震在南京闻讯，对国民党当局这种倒行逆施非常气愤，又为当时政局混乱而担忧。于是他立即返沪辞去上海海军军官学校的职务，转而接受上海交通大学管理学院航务管理系和吴淞商船专科学校的聘请，在上述两校任教授，进一步坚定了他终身从教的夙愿。他把马尾海校的传统学风和实干精神带到了这两所公立大学，严格课堂纪律，亲自批改作业。即使讲授多次的课程，上课之前他还是要重新写出教学提纲，从不懈怠。1948年下半年，国民党开始向台湾撤军，上海形势极为混乱，市区交通经常阻塞。他家住杨浦区平凉路，交通大学在徐家汇，两处相距约20千米。他每天清晨徒步穿过虹口、黄浦、卢湾等区，准时赶去上课，从不迟到或缺课。他这种对教学高度认真负责、苦干实干的精神深受同事和学生们的钦佩。

1949年5月，上海市军管会接管了吴淞商船专科学校，陈嘉震被委任为校委员会委员，在他的积极配合下，学校很快复课。不久，学校更名为上海航务学院，原交大航管系及海事学校航海科均并入航务学院，陈嘉震仍任校务委员，兼任航海系主任和教授。

图 8-3
陈嘉震工作照

熠熠星辉
——上海高校大师故事

三、难忘桃李恩

陈嘉震教授有 40 年教龄，毕生有一半岁月是与学生相依相伴度过的。他倾心传道、授业、解惑，以"孺子牛"的精神热爱教学工作。

40 年来，每当暑假来临，他都会欣喜地送一批批毕业生走上工作岗位。他总要谆谆叮嘱，鼓励他们乘长风破万里浪，驰骋环球海洋，为祖国社会主义建设效力、争光。此时，他激动的心里，感到无比快慰！

40 年来，他一贯严格要求学生德智体全面发展，强调基础理论教育，为我国的航运事业培养了大批高级人才。他亲自授过课的千余名学生，大多已成为我国航运事业的技术骨干，其中有交通部长，远洋、近海航运集团公司的总裁、总经理，各省航运公司的老总，远近洋船队的船长，沿海众多港口的局长，海运、海军院校的校长、系主任和教授等。

图 8-4
陈嘉震在 1987 届研究生毕业典礼上为学生颁奖

三尺讲台系航运
——航海教育家陈嘉震

陈嘉震院长还有个偏好，就是对那些肯钻研学术的学生，他更加垂爱，竭力掖助。20世纪90年代初，上海海运学院有几位毕业多年的校友已是沿海港口的业务主管。他们面临对外开放形势，为提高码头员工的涉外业务能力，商议编写一本《港口经济词典》，以供大家在日常工作中随时查阅使用。在母校85周年校庆返校时，他们向陈院长作了汇报，希望能得到他的指导。这时，陈院长已退休当顾问，健康状况尚可。他欣然允诺，曾多次不顾长途差旅劳顿，随同几位校友，辗转我国南北沿海港口，收集资料，商讨编目大纲，还为该词典亲撰序言。1993年，该词典遂顺利地由人民交通出版社正式出版。那几位校友对老院长的不辞辛劳、热忱指导铭感五内，不忘于怀。

陈嘉震退休后的晚年生活里，还发生了一连串带有传奇色彩的爱屋及乌、师生情深、泽及后代的故事。1946年，陈嘉震在吴淞商船专科学校执教时，有个从交通大学航管系转学过来的学生赵锡成，长相英俊，学习成绩超群，引起陈嘉震的关注。数年后，赵锡成跻身美国航运业，筹建福茂航运公司，继而扩展其公司为美国福茂航运集团，任董事长。2004年赵锡成被联合国列入"国际航运名人堂"；2005年，纽约市长授予赵家"杰出移民奖"；2006年又获肯塔基州授予的"家庭杰出成就奖"。功成名就的赵锡成虽然离开祖国34年，但始终没有忘记自己的恩师。在他的脑海里，经常会出现陈嘉震给他上第一堂航海课的情景。他认为，这是他终身事业的奠基石。20世纪80年代初，赵锡成怀着无比怀念和敬仰的心情，回到阔别34年的上海，虔诚地拜会恩师。并通过他联系、牵线，向新建的外高桥船厂先后订购了12艘17.5万吨载重的好望角散货船，之后又继续订造多艘20.6万吨干货船。1984年，赵锡成在上海海运学院设立以夫人名字"木兰"命名的"上海木兰教育基金会"，以此奖励我国从事航运事业的优秀勤勉学生和老师，聘请陈嘉震老院长担任国内基金会会长，国外会长为赵小兰。不久，基金会又增资，扩展到大连、武汉、集美等航运院校。木兰基金会成立至今已27年，四校受奖的师生共2400名。

四、助力强国梦

当时，我国航海天文定位所用的计算表，向来沿用英美制式，陈嘉震便潜心钻研出

图 8-5
陈嘉震与赵锡成、赵朱木兰、
赵小兰一家

一项新的《天体高度方位表》，经《解放日报》报道后，得
到国内船舶驾驶员和航海院校教师的广泛采用。

1953 年全国高等学校院系调整，原国家交通部将上
海航务学院与东北航海学院、福建集美航海专科学校合
并，在大连组成大连海运学院，任命陈嘉震为副教务长，
兼任水管系主任及教授等职。他在繁忙的校务和教学工
作之余，又积极创新，编写了多种航海学科的新教材，还
成功研制《天体高度方位图》，这项成果经人民海军和海
校实际应用，证明具有解决舰船快速定位问题的优点。
在校的苏联专家对此予以很高的评价，并在苏联出版的
航海学教科书中详为介绍。该图又由人民海军航海保证
部另行印制，供舰队使用。陈嘉震在大连任教期间，被选
为市人民代表、旅大市人民委员会委员、旅大市科协会长
等。他热心组织和指导学术活动，举办了 20 多次演讲，
为推广技术革新作出了贡献。

图 8-6
陈嘉震在学术研讨会上

1959 年 1 月，国家交通部决定在上海恢复高等航海教育，建设上海海运学院，调陈嘉震教授来沪任副教务长，参与领导筹建工作。陈嘉震到沪后，立即投入紧张的建校指导，诸如新校园的规划和建设，各系、科和专业的设置，师资的配备和培养，教材的选定与供应，实验室、图书馆、实习场所与运动场地的规划和建设，等等，都得益于他娴熟的教育经验的指导，有条不紊地齐头并进。终于在当年初秋开学，航海系率先招收驾驶、轮机专业新生。

1963 年 5 月，我国新造的万吨远洋货轮"跃进"号，在首航日本途中触礁沉没，受到一些航运大国舆论的嘲讽。周恩来总理认为这是我国航运界的一个耻辱，便委托主管国家科技工作的聂荣臻副总理亲自会见陈嘉震，请他从速组织航海界专家和老船长，研究、编写《航海科学技术十年发展规划》，以振兴我国航海事业，并任命他为国

熠熠星辉
——上海高校大师故事

家科委航海专业组成员，要求他抓紧拟就该规划。当时，考虑到建立航海科学技术研究所的条件还不成熟，决定由陈嘉震在上海船舶运输研究所任副所长，分管航海导航和科技情报工作。

在贯彻航海科技十年规划的过程中，陈嘉震认为光靠几所海运与海军院校、研究所还不够，要让广大海员都接受航海新技术、新知识，才能普遍提高我国军民的航海水平。这个倡议一经提出，立即得到交通部、人民海军、海洋渔业等部门领导的支持，以及广大海员的响应。交通部便着手组建中国航海学会，由刚离任的彭德清部长担任首届理事长，陈嘉震任常务理事。

接着，上海和其他港口城市也相继成立航海学会，陈嘉震兼任上海市航海学会副理事长。中国航海学会编辑出版了学术刊物《中国航海》，上海市航海学会编辑出版了科普期刊《航海》，两刊都敦聘陈嘉震为主编，受到广大海员的欢迎。

1981 年 8 月，交通部任命陈嘉震为上海海运学院院长。1981 年 8 月 31 日，年近古稀的陈嘉震递交了入党申请书，情深意切地表达了加入中国共产党的强烈愿望。经历过军阀混战、国民党专政，目睹了列强压迫和政治腐败，陈嘉震在学习了新思想之后逐步坚定了自己的信仰，即使是在十年动荡的岁月中也没有动摇。"我怀着像黄昏时刻的赶路者，必须抢在夕阳下山之前赶到车站那样的急迫心情，在自己尚能为党、为祖国做些贡献的无多的岁月里，加倍努力，为党多做些能做的工作，以弥补过去的损失。"陈嘉震先生对信仰的敬畏和坚定，令人动容。

晚年，他在主持校务之外，还兼职指导几位攻读航海专业的中外研究生。1984 年他退休后，还担任上海海运学院顾问以及国务院学位委员会委员、国家自然科学名词审定委员会顾问。1990 年他获国务院颁发的政府特殊津贴。陈嘉震 2003 年病逝于上海，享年 91 岁。他的遗著大部分是高校航海教材：《航海球面三角学》《航海天文》《引港学及海图》《海运测量学》《海洋与气象》《航海基础》《航海数学及理论误差》。他 20 世纪 70 年代参加了上海科技出版社组织的《航海史话》和《世界港口》编写工作；20 世纪 80 年代，受中国航海学会委托，指导并协助编纂古近现代三卷本的《中国航海史》及《中国大百科全书》航海部分的著述。

师道感悟

　　您纷繁多彩的一生好似一艘扬帆出海的大船。大船，注定要经历更凶险的恶浪，但这都没有阻挡您踏浪前行的步伐。作为革命者，您不惧生死。作为教育家，您点亮灯塔……您入党时的敬畏之心，让我一个生于90年代的青年党员再一次思考我入党的动机，和我做人的方向……

　　——李昊檬（大师剧《陈嘉震》演员，饰演青年陈嘉震）写于2019年

（供稿：周蓉）

熠熠星辉
　　——上海高校大师故事

不朽的旋律，永恒的丰碑

——人民音乐家贺绿汀

大师生平：

贺绿汀（1903—1999），中国共产党的优秀党员，忠诚的共产主义战士，杰出的人民音乐家、人民教育家，著名的作曲家、音乐理论家、音乐活动家。一生谱写了大、中、小型音乐作品 260 余部（首），其中多为传世佳作，发表了论文专著 280 余篇（部），成为中国现代文化宝库中的瑰宝。

主要贡献：

（1）1934 年创作的钢琴曲《牧童短笛》开创了西洋音乐"中国民族化"的先河。

（2）1936 年翻译出版的《和声学理论与实用》是我国第一部完整地、系统地将欧洲近代和声理论引进中国的译著。

（3）1949—1984 年，担任上海音乐学院院长，后为名誉院长，为上音的建设及发展作出了卓越的贡献。

（4）1979 年，率领中国音乐家代表团赴澳大利亚珀斯参加联合国教科文组织所属国际音理会第 18 届大会，这是我国第一次参加并被接纳为该组织会员国。

图 9-1
1949 年 9 月，贺绿汀任国立音
乐院上海分院（今上海音乐学
院）院长

熠 熠 星 辉
——上 海 高 校 大 师 故 事

没有丰富良好的积累就不可能有创造。

音乐是一门表现人的思想感情的艺术。

音乐创作的动因是为了表现对生活的"一吐为快"的深切感受。

一切音阶调式都是由不相同的民族根据各自的生活习惯、文化传统发展而形成的，具有各自的民族特色；人们是根据这些不相同的音阶调式去认识并欣赏不相同的民族音乐文化。

——贺绿汀

师者故事

一、中国新音乐的开拓者

贺绿汀的一生，是革命的一生，是奋斗的一生，是奉献的一生。毛泽东同志曾对他说："你为人民做了好事，人民是不会忘记你的。"江泽民同志题词"谱写生活的强

图 9-2
歌剧《贺绿汀》剧照

不朽的旋律，永恒的丰碑
——人民音乐家贺绿汀

音，讴歌人民的事业"。这些都是党和人民给予这位世纪老人的崇高评价。

贺绿汀 1926 年加入中国共产党，早年参加了湖南农民运动、广州起义和海陆丰起义，一直活跃于反帝反封建的最前线；七七事变后即投入抗日洪流，相继在大后方、苏北根据地和革命圣地延安从事革命工作。他历经战争枪林弹雨的洗礼，面对山河破碎、国土沦亡，创作了我国革命音乐萌芽时期的第一首革命战歌《暴动歌》、中国抗战歌曲的代表作之一《游击队歌》，以及《嘉陵江上》《保家乡》《垦春泥》等一系列鼓舞人心的音乐作品，用手中的笔杆子把一腔火热的爱国情怀熔铸在歌曲里。他也很注意歌曲风格的民族化和大众化，管弦乐《晚会》《森吉德玛》、电影歌曲《四季歌》《天涯歌女》《春天里》等均脍炙人口。

贺绿汀自 1921 年起开始从事教育工作，1931 年考入上海音乐学院前身——上海国立音乐专科学校，1949 年 9 月出任上海音乐学院院长，直到 1984 年才以 82 岁的高龄退任名誉院长。他是新中国成立以后担任专业高等音乐学院院长时间最长的音乐教育家。新中国成立后，贺老出任全国文联第四届副主席，中国音乐家协会第二、第三届副主席，第五、第六届全国政协常委。1983 年当选为国际音乐理事会（IMC）终身荣誉会员，成为中国第一位获此殊荣的音乐家。他曾多次率团参加国际音乐交流活动，展示了中国音乐事业的辉煌成就，赢得了国际音乐界同仁的尊敬。他见证了中国社会翻天覆地的变化，作为一个有强烈的社会责任感和崇高的历史使命感的音乐家，他大量的音乐理论文章都源于音乐本身和生活实践，不尚空谈，坚持真理，掷地有声，影响深远。

二、中国音乐教育新体制的创立者

新中国成立初期，上海音乐学院百废待兴。当时上海音乐学院只能开展大学本科教育，学生 73 人，教师 33 人，职工 32 人，钢琴 22 架，管弦乐器 40 余件，唱片 900 余张，图书乐谱 6000 余册。贺绿汀就是在这种家底薄、起点低、担子重的情况下，从北京南下上海出任上海音乐学院，即他的母校国立音专的院长。

在教师队伍的建设上，他多方奔走，在国内外校友中广为招贤，亲自联系并聘请著名音乐家来校任教，又引进苏联和东欧专家前来讲学。在上海市委、市政府及陈毅市长的亲自关怀下，上海音乐学院的校址经过两度搬迁，从偏僻的江湾五角场搬到市中心的汾阳路，面积也扩大了几倍。

在教学结构上，他进行了一系列重大的改革。他用数十年心血建立起"大、中、小一条龙"的中国音乐专业教育新体制，这一创举能源源不断地为音乐学院提供高质量生源，造就了大量优秀人才。音乐是一门专业性、技艺性很强的艺术，学生必须从幼年起就开始接受严格的训练。他指出："根据生理条件，儿童在 6 岁到 16 岁是学习音乐技术的黄金时期，过了这个时期，技术学习进步就慢了。"高级音乐专门人才的培养，必须重视从小选苗，打好基础。因此，"音乐专业学校必须有自己的音乐小学、中学。大学一般应招收专业音乐中学毕业生。只有这样，才能培养出真正有国际水平的音乐专门人才"。只有办好音乐小学和音乐中学，大学才有巩固的基础和后备力量，音乐学院的水平才能有更大的提高。"要使所有专业人员具有

图 9–3
1980 年 2 月，习仲勋同志与贺绿汀院长亲切接见上音附小学生

119

不朽的旋律，永恒的丰碑
——人民音乐家贺绿汀

高水平，就必须有严格的长期专业培养。没有这样的专业人才。就不可能建设高水平的社会主义音乐文化。"贺绿汀在办学实践中，不断摸索，创造经验，早在1950年就开办了音乐"少年班"，以后在此基础上，办起音乐附中和附小，这样就逐步形成了"大、中、小一条龙"的音乐教育体制，以及与此相适应的业余音乐教育，即附中、附小办的课余班和音乐学院办的业余部（夜大学）以及社会上的业余音乐教育和普通音乐教育。这样就使"大、中、小"配套成龙，专业、业余互相衔接，对发展我国音乐艺术事业、培养音乐专门人才有着很重要的作用。

同时，他积极倡导并设置民族班、师范班、干部进修班，为新中国的音乐事业培养了大批优秀人才，并与孟波等同志一起为推动小提琴协奏曲《梁祝》等大量优秀音乐精品的创作发挥了不可或缺的重要作用。这些来之不易的成绩，诚如贺绿汀所说，"是同我们国家建立了社会主义的优越制度分不开的。没有中国共产党，不可能有社会主义的新中国，也不可能有社会主义的上海音乐学院"，但是其中也确实无一不凝结着他的心血。

三、中国民族音乐事业的践行者

贺绿汀对上海音乐学院的民族音乐教育和建设，采取了一系列重大措施。为了培养学生热爱民族、民间音乐的感情，他在学院开设民歌课，并亲自授课。他每次总是带着一把板胡进教室，在同学们面前自拉自唱，将陕北、山西、湖南、四川等地的民歌戏曲传授给大家，有时还亲自到学生广播站教唱民歌。在他的言传身教、大力倡导下，各系同学纷纷成立民歌学习小组，并且制订学习规划，建立学习制度，出现了人人唱民歌、天天唱民歌、处处唱民歌的动人情景。同学们不仅每天清晨早锻炼之后，就按学习小组聚集在校园的草坪上学唱民歌，而且在课堂上学唱民歌，在学校的有线广播里点唱民歌，学生会还专门主办定期的"民歌演唱会"。作曲系成立了民间音乐学习委员会，并组织同学为民歌编写合唱谱和配制伴奏，作曲系和声乐系合编的系刊还发表了两系师生在学习、研究、改编、演唱民歌方面的心得体会。在一个时期中，全校形成了一股学习民歌的热潮，并且不断向深入持久的方向发展，把民歌学习和专业课、艺术实践和科学研究有机地结合起来。

为了加强对民间音乐的学习，贺绿汀又亲自从北京、陕北等地将王秀卿、丁喜才、宋保才、宋仲奇等民间艺人请到学校来，担任西河大鼓、单弦牌子曲、榆林小曲以及唢呐和笙等民间音乐课程的专任老师；还用"请进来""走出去"的办法，把黄梅戏、泗州戏等地方戏曲团体请到学校里来演出，或者组织师生走出校门，去观摩京剧、昆曲、越剧、郿鄠等，乃至组织学生成立民间音乐学习小组，利用假期，分赴华东各省，进行采风活动。这些措施，对于丰富同学们的民族、民间音乐的感性知识，无疑是大有裨益的。

1956 年，贺绿汀根据我国音乐教育事业发展的需要，在上音创建了民族音乐系。为了培养出我国新的民族音乐研究、创作、演出各方面的骨干，他具体提出要抓住这一重大课题：保证新生质量和课程设置、教学计划这"两个关键"；打好民族、民间音乐的感性知识和掌握多种民

图 9-4
1965 年，贺绿汀（坐者）与丁善德、孟波、邓尔敬审阅作品

不朽的旋律，永恒的丰碑
——人民音乐家贺绿汀

族乐器演奏的"两个基础"。这对建设和发展我国社会主义的民族音乐文化、培养较高水平的音乐专门人才，都具有十分积极的意义。

贺绿汀竭尽全部精力，重视中国音乐文化的建设和发展。他指出："中国音乐在各特殊民族音乐中确实是足以代表东方民族色彩的最出色的民族音乐。这是亟待我们来发掘的一个宝藏，我们尽可以利用西洋一切作曲的技巧，创造出新的中国民族音乐而能在世界乐坛上放一异彩。"他又说，"摆在我们面前的严重任务是要继承我们祖先几千年遗留下来的巨大而复杂的民族音乐遗产，要加以整理发展，创造出无愧于伟大的中国人民的新的中国民族音乐文化。"因此，他要求音乐学习"除了要掌握马克思主义和文艺理论以外，一定还要学习外国古典音乐发展的经验，掌握进步的科学的音乐技术与理论，这是一个长期的、艰苦的、复杂的学习任务与学习过程"。贺绿汀一贯主张借鉴西洋音乐在音乐科学技术上的成就，"参考他们的经验与规律来摸索我们自己的规律，建设我们自己的理论体系，创造我们自己的现代音乐文化，发扬我们民族所特有的民族风格"，"对外国的东西，凡属用得着的都应吸收，加以消化、改造，为我所用"。为了对民族、民间音乐进行系统的汇集、整理和科学研究，1953年他建立了民族音乐研究室。他还建立音乐编译室，加强了对外国现代音乐技术理论的借鉴和研究工作，出版了大量音乐理论书籍；建立了乐器制作研究室，加强了对提琴等乐器的制造和研究工作，提高了我国乐器制作的质量和水平。

对于发展少数民族音乐文化，培养民族地区音乐干部，贺绿汀同样是一贯予以高度重视和大力扶植的。早在1956年，他便在上音设置了我国第一个少数民族班。当时受中央民族事务委员会委托，他根据少数民族文化建设和音乐事业发展的需要，按照少数民族学员的特点办班，摸索了既保留少数民族音乐的艺术特色，又提高他们专业水平的宝贵经验，先后为西藏、新疆、内蒙古、延边、云南、贵州、广西、海南、青海、四川、湖南等省市、自治区（州）的三十几个少数民族培养了作曲、指挥、声乐、钢琴、小提琴、大提琴、长笛、双簧管、小号、笛子、唢呐等十几个方面的专业音乐干部200余人。学员毕业、结业后，回到少数民族地区，绝大多数成了该地区的文艺骨干演员、骨干教师和领导干部，如才旦卓玛、何纪光、热比亚、阿旺、莫尔吉胡等一批少数民族

学员，对少数民族地区文化艺术事业的建设和发展起到了
积极推进作用。

师道感悟

在 80 多年的音乐生涯中，贺老总是努力朝着先进文
化的前进方向，始终把民族的命运、人民的愿望、国家的
未来和自己的音乐创作、音乐活动紧密结合在一起，他是
中国革命文艺工作者和优秀知识分子的光辉典范。

——殷一璀（原上海市人大常委会主任）

于 2003 年 11 月

贺院长对于学校的工作，是全身心投入的。即使在他
退居二线，担任名誉院长以后，也一直关心学校。他经常

图 9-5
1980 年 11 月，贺绿汀与前来
探望的校友才旦卓玛亲切交谈

不朽的旋律，永恒的丰碑
——人民音乐家贺绿汀

提醒我们在工作中要注意的问题，把听到的意见转告给我们，亲自为学校的校舍、经费等问题奔波、呼吁，他的心总是想着学校。

——江明惇（上海音乐学院原院长）

作为一个音乐创作的晚辈，贺老在音乐创作方面犹如一座高山，令后来者学习不尽。贺绿汀的几百部作品是中国现代音乐史上的瑰宝，是外国音乐技法与中国民族文化相结合的典范，几十年来滋养了一代又一代的音乐工作者。

——杨立青（上海音乐学院原院长）

在我的心目中，贺老一直代表着音乐界的良心。他有一颗透明的为国为民的赤子之心，这颗金子般的心赢得了所有人的尊敬。

——周小燕（著名歌唱家、声乐教育家，上海音乐学院终身教授）

音乐教育是贺绿汀的全部音乐活动中一个重要的构成部分。就其对我国现代音乐文化所起的作用而言，甚至可以说具有更重要的意义和更深远的影响。这不仅是因为在他 70 多年的音乐生涯中，绝大部分时间都是在教育岗位上度过的；也不仅是因为早在他从事创作、理论活动之前，就已经开始从事音乐教育活动；更重要的还是他在这方面所表现出来的高度自觉的无私奉献精神和所取得的有目共睹的显著成绩。

——戴鹏海（上海音乐学院音乐研究所研究员）

贺绿汀同志在他 60 年的音乐教育、创作活动中，深深体会到我国有几千年悠久的音乐文化和浩如烟海的民族、民间音乐宝藏。如何进一步发扬民族、民间音乐的优良传统并把我国民族音乐提高到世界先进水平，在世界音乐宝库中放射出灿烂的光辉，这就要求高等音乐院校培养出来的民族音乐专门人才，必须在音乐上有扎实的民族音乐基础，严格的专业技术训练，努力达到较高水平的"两个一瓶醋"。正如毛泽东同志《同音乐工作者的谈话》中指出的那样，"中国的和外国的，两边都要学好。半瓶醋是不行的，

熠熠星辉
　　——上海高校大师故事

要使两个半瓶醋变成两个一瓶醋"。上海音乐学院在中华人民共和国成立后所以能产生像小提琴协奏曲《梁山伯与祝英台》和丝弦五重奏等这样一类新创作和民族器乐演奏形式，既具有艺术技巧和独创性，又富于强烈的民族风格和特色，为中外人士所热情盛赞，绝不是偶然的，而是在中华人民共和国成立后培养的新一代中不少人能够按照"两个一瓶醋"的要求，把中国的和外国的两边都学好，进行了长期、艰苦的努力所致。

——常受宗（上海音乐学院原办公室主任）

　　贺绿汀曾说："贝多芬之所以伟大，正是因为他接受了法国大革命时期的启蒙运动的思想，站在时代的最前列，把千万人民的感情作为自己的感情，在他的作品里充满了对当时社会的愤怒与反抗的激情，与对人类未来和平的热诚愿望。"我想，贺绿汀的伟大，不仅仅在于担任上音院长期间作出的巨大贡献，更在于他始终在时代的激流中奋勇前行，把音乐作为民族解放和伟大复兴的利器和号角。

——陆驾云（大师剧《贺绿汀》编剧）

（编辑整理：陆驾云）

戏剧殿堂的师魂

——戏剧家熊佛西

大师生平：

熊佛西（1900—1965），我国著名戏剧教育家、剧作家，中国话剧拓荒者和奠基人之一。一生创作 27 部多幕剧和 16 部独幕剧，其中 7 部戏剧集得以出版。

主要贡献：

（1）1926 年，始任北京国立艺术专门学校戏剧系主任，为中国培养了第一批接受高等教育的戏剧人才。

（2）1932—1937 年，前往河北定县开展定县农民戏剧实验，对舞台和表演技艺进行大胆革新。

（3）1944 年，与田汉、欧阳予倩等人组织了西南第一届戏剧展览会，历时 3 个月，有 22 个剧团参会，推动了进步戏剧运动的发展。

（4）1947—1965 年，就任上海市立戏剧实验学校（今上海戏剧学院）校长和上海戏剧学院校长，致力于戏剧教育事业直至辞世，为中国戏剧事业输送了大批优秀戏剧青年。

图 10-1

熊佛西像

熠熠星辉
——上海高校大师故事

师魂唱响

　　培养人才的目标，我以为，首先应该注重人格的陶铸，使得戏剧青年都有健全的人格，是一个堂堂正正的"人"——爱民族、辨是非、有志操的"人"，然后他才可能成为一个伟大的艺术家。所以本校的训练目标，不仅是授予学生戏剧专门的知识和技能，更重要的是训练他们如何做人。

　　那时年轻，浑身有着使不完的劲……有些人总以为写剧本是一件很容易的事情，不就是虚构想象吹牛么，谁不会虚构，谁不会想象！还有吹牛！错！大错特错！女人十月怀胎生一个孩子，可编剧有时十年怀胎也未必生得出一个孩子！因为他生的不是一个孩子，而是一群，繁漪、周萍、周朴园、周冲、四凤、鲁侍萍、鲁贵、鲁大海，都是曹禺生出来的！那是一群永垂不朽的生命啊！写剧本真是诱惑人啊！

——熊佛西

图 10-2
大师剧《熊佛西》剧照

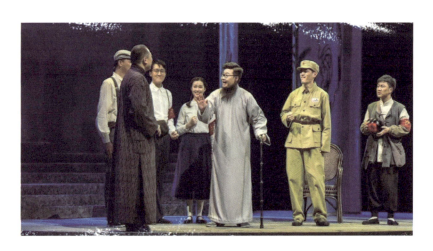

129

师者故事

一、巍峨殿堂里的戏剧人生

熊佛西出生于 1900 年，毕业于美国哥伦比亚大学，是一名戏剧教育家、剧作家，也是中国话剧的拓荒者和奠基人之一。他一生创作了 27 部多幕剧和 16 部独幕剧，有 7 种戏剧集得以出版，著有长篇小说《铁苗》《铁花》，戏剧剧本集《佛西戏剧集》（4 册）、《佛西抗战戏剧集》、《赛金花》、《上海滩的春天》，专著《写剧原理》《过渡及其演出》《佛西论剧》《戏剧大众化的实验》和散文集《山水人的印象记》等。

20 世纪 30 年代，熊佛西率师生赴河北定县从事农民戏剧的研究和实验，迈开了中国农民话剧运动的第一步。抗战开始后，他组织了"抗战剧团"，继而又创办了四川省立戏剧实验学校。1947 年 2 月担任上海市立实验戏剧学

图 10-3
熊佛西和梅兰芳、周信芳等迎接苏联专家。左起：列斯里、列普柯夫斯卡娅、梅兰芳、熊佛西、周信芳、田汉

熠熠星辉
——上海高校大师故事

校（今上海戏剧学院，以下简称剧校）校长，直至 1965 年病逝在上海戏剧学院院长的岗位上。

熊佛西虽不是共产党员，但却积极支持剧校的地下党员教师和学生的工作。1948年底，以熊佛西、陈白尘、黄佐临、刘厚生、吕复、吴琛等人为核心小组的地下剧影协会成立。它的主要工作是广泛联系戏剧工作者，宣传解放战争的胜利形势和党的政策，做好戏剧界上层人士的统一战线工作，开展护校运动，积极组织迎接解放的演出。

新中国成立前夕，国民党反动政府节节败退，胁迫文艺界的知名人士逃往台湾的情况时有发生，蜚声海内外的梅兰芳和周信芳也在被胁迫之列，国民党政府还有可能动用武力。熊佛西受周恩来总理嘱托，去找梅兰芳和周信芳谈话，一定要把他们留在上海。熊佛西义不容辞地接受了这个任务。

那天，熊佛西穿着长衫，又围上了红红的围巾。从剧校所在地横浜桥走到了周信芳家所在的上海西区。周信芳亲自为他打开大门，迎到楼上书房。熊佛西此次是以"谈戏"为名来的，可是一坐下，周信芳就郑重地说："放心，我决不会跟国民党走，坚决留在上海迎接解放！"熊佛西倒脸红了，他激动地握住周信芳的手："我们都留在上海，哪里也不去！上海就是我们的阵地。"听说熊佛西还要到梅兰芳家里去，周信芳主动说："我陪你去。"

在梅兰芳的书房"梅华诗屋"里，熊佛西和周信芳先是和梅先生聊起了书房里墙上的画，那是一幅松墨画。他们聊起画上苍劲的松枝，真像敌伪时期，梅兰芳蓄须明志、大义凛然的民族气节，梅兰芳为了不上台给日伪演出，故意让自己发烧。熊佛西又提到："目前上海解放在即，形势严峻，反动派正以各种威逼利诱的方式，强迫文化界知名人士和他们一起撤退。中国共产党非常关心您，您是一代宗师，杰出的艺术家，在国际国内都相当有影响力，希望您留在上海，和大家一起迎接解放，并且为新中国的戏剧事业作出贡献。"他从衣兜里拿出一封信，郑重地交给了梅兰芳。当梅先生听说周恩来先生还特意安排了人，在其住所附近保护他和家人的安全时，眼眶湿润，当即表示："我感谢共产党对我的关爱，国民党倒行逆施失尽人心，我是哪儿也不会去的。请朋友们别相信外面的谣言，并请转告党，我绝不离开上海，我一定和大家一起迎接上海

戏 剧 殿 堂 的 师 魂
—— 戏 剧 家 熊 佛 西

解放。"梅兰芳走到窗口，看着正在花园里玩耍的女儿又补充了一句："我和我的家人都不会离开上海。"熊佛西离开梅兰芳的住所，晚上在横浜桥家中，与陈白尘、黄佐临他们聚集在一起的时候，祝贺他为文艺界立了一大功。他却拿起酒杯："这杯酒要敬给梅先生、周先生，他们值得敬佩啊！"

二、戏剧教育的奠基人

1947 年，上海市立实验戏剧学校经历了一场险象环生的"裁撤风波"，熊佛西接过顾仲彝一手创办的学校，学校迎来了一个以熊佛西、吴天、邱玺为首的新领导集体。然而，在这一时期，风雨飘摇，熊佛西为了剧校的生存与发展，殚精竭虑、披肝沥胆，与广大师生同心同德、潜心发展，为新中国成立后的戏剧教育事业积累了丰富经验，更为日后上海戏剧学院的辉煌奠定了坚实的基础。

对戏剧教育，他一贯主张"教育民主""学术自由"，坚持"戏剧教学不能拘束于课堂，必须通过舞台实践"。

图 10-4
熊佛西以校为家，正在为校园割草

熙熙星辉
——上海高校大师故事

他提倡聘用教师必须"有真才实学，而不问其来自何处，有何思想倾向"。1921年熊佛西与沈雁冰、欧阳予倩等13人组织民众戏剧社，合办《戏剧》月刊。宣告"当看戏是消遣"的时代已经过去，戏剧在现代生活中"是推动社会前进的一个轮子，又是搜寻社会病根的 X 光镜"。

熊佛西在担任剧校校长后，力主教授治校，坚持"理论和实践并进"的教育理念，使学校成为学术研究的重地。他秉承蔡元培先生的"兼容并包"和陶行知先生"身体力行"的教育理念，充分尊重学生的自主性，坚持"学生自治"和"财务公开"。在教学设施上，熊佛西力主充实图书馆和改善小剧场的演出条件，为后来剧校期间的繁荣的演出奠定了基础。

为了更好地凝练学校的办学理念、反映学校的办学精神，熊佛西还邀请国歌的作词者田汉为剧校编创校歌。上海戏剧学院现在传唱的校歌就是在这首校歌的基础上再创作的。

图 10-5
熊佛西给演员们说戏

戏 剧 殿 堂 的 师 魂
—— 戏 剧 家 熊 佛 西

在熊佛西担任校长的这段时期内,剧校的师资力量一直是值得称道的。上海历来是文艺界精英人才的集聚之地,因此熊佛西充分利用社会的人才资源,尽力聘请戏剧界、文艺界的资深专家来校任教。只要有可能,熊佛西校长总是不遗余力地把某些在学术领域享有盛誉或有丰富创作经验的专家学者引进学校。在他就任校长后,邱玺、曹禺、欧阳予倩、陈白尘等戏剧、文学、音乐界大家都曾先后来学校任教,其中不乏一专多能的复合型人才,他们成为他的左膀右臂,为剧校之后的生存和发展作出重要的贡献。这些人才的到来,大大提升了剧校的师资力量,也进一步完善了学校的课程设置。

熊佛西的教学理念和教学思想奠定了剧校完整的办学思路和办学理念,引进的教学人才都是当时戏剧、文学界的大家,培养了一批最早的戏剧影视人才,也为上海戏剧学院的师资力量的传承奠定了基础。从 1946 年至 1949

年期间，剧校先后正式公演了 46 个中外剧目，演出了 487 场，观众达 139891 人次。剧校繁荣的演出，不仅展示了教学成果，还改善了剧校当时拮据的资金状况。熊佛西担任校长期间，学校第一届藏族班的学生公演的《文成公主》在社会上引起了巨大的反响，熊佛西受到了毛泽东主席的接见，《文成公主》剧组受到了周总理的接见。

三、现代话剧的拓荒者

熊佛西同时也是戏剧大家。他是中国现代话剧的拓荒者和奠基人之一，是蜚声海内外的戏剧活动家和多产的剧作家、导演，也是一位颇具影响力的戏剧艺术教育家。熊佛西以创作多幕剧和独幕剧而著称，他的《一片爱国心》《王三》《过渡》《艺术家》蜚声戏剧界。他毕生最突出的成就是成了一位德高望重的戏剧教育家，他的戏剧思想对戏剧界产生了重大影响。

熊佛西受过正规的系统的欧美戏剧教育，具备多方面的戏剧艺术的实践经验，他的戏剧理论既介绍了西方各种戏剧流派和理论，又结合了中国的实际。他阐述的戏剧基本特征和戏剧规律，涉及戏剧的本体论，回答了"戏剧究竟是什么"的问题。同时，熊佛西从"动作性"这一戏剧的原义出发，阐明戏剧的"剧场性"，进而指出其作为一种整体的艺术所具有的"综合性"。他将这些环节紧紧相扣，透彻地概括了戏剧区别于其他艺术的基本特征。这对话剧艺术的发展起到重要作用。

熊佛西非常重视戏剧艺术的多样化，他主张"创作的形式需要不拘一格，兼收并蓄"。只要遵循艺术的基本规律，艺术视野可以尽可能地开阔。在戏剧创作中，他认为"剧作家写出好剧本的基础是生活"。他的戏剧论著很多都是探讨和研究戏剧艺术规律的。谢明在《现代戏剧家熊佛西》中就说："要是不了解熊佛西，就等于不了解中国近代戏剧教育史。"

四、戏剧人才的护航人

熊佛西始终坚持教育的根本在于人才的培养，他认为教育是以培养人为目的的，学校是培养人的地方，所以任何教育、任何学校都是以人为本的。熊佛西的以人为本一是爱学生，二是珍惜师资人才，尊师爱生是他一直以来坚守的戏剧教育的原则。

1952 年 8 月，一列火车即将从上海开到北京。3 号车厢的一群年轻人特别引人注目，他们是上海市立戏剧专科学校（今上海戏剧学院）1952 届的毕业生。这群学生是第一次离开上海去北京，既激动兴奋，又有点忐忑。不知是谁唱起了一首苏联歌曲："亲爱的妈妈，别难过，莫悲伤，祝福我们一路平安吧……"车厢一角的年龄最小的一位女同学已经在嘤嘤哭泣，她拭着眼泪说："我会想家，想爸爸妈妈，也会想熊校长的。"这时，火车开始缓缓前行，突然从进站口奔进一位五十开外的老人，他挥着手，高声叫着："孩子们，我的孩子们哪！"胖胖的身体因为着急赶路红着脸，气喘吁吁地，他一路小跑着朝向已经开动的列车。"熊校长！""啊，是熊校长！"同学们发现了熊佛西，顿时 3 号车厢沸腾了，27 张年轻的脸向着熊佛西叫着，喊着。熊佛西挥动着手，高声叫着"孩子们！"大声地说着什么。可是火车已经远行，这批游子却什么也没有听到，车轮太响，车厢太嘈杂。月台上，送行的人渐渐散去，熊先生还孑然站着，直到火车越行越远，成了一个看不见的小点。熊先生的眼角渗出了泪水，他赶来送行，无奈却晚了一步。

两年以后，熊先生去北京参加第二届中国人民政治协商会议，会议间隙，他特地去看望这群已经在北京工作了两年的学生。熊佛西慈爱的目光从每个人身上掠过，想念、不舍、期待混杂其中。熊先生笑道："瞧你们一个个都长胖了，一定是大馒头给喂的？"同学们发出一片笑声。"我知道你们怕冷，北京的冬天可不比上海啊！"熊先生拍了拍一位广东同学的肩膀。他又对那位年龄最小的女同学说："想不想家啊？""想家。"女同学脸红了，轻轻地说，"熊校长，我们还想您。""我也想你们哪！"熊先生的话语里透着无限的关爱。

凡是受过熊佛西教育的学生，回忆起他们的老校长，都谈到他对学生的爱。他对特困生更是关怀备至，为他们排忧解难，有时候他甚至用自己的薪资供贫困学生读书。新中国成立前夕，时局动荡，经济萧条，剧校经历着巨大的经济困难。有人捐米，有人捐款，有人捐衣服。这一天，熊先生捧着一只布包走进办公室，大家见他解开布包，只听"哗啦啦"，布包里倒出一堆白花花的银元。他数了数，说："这是 20 块大洋，捐给学校作应变之用。"

"这怎么行？"一位老师赶紧阻止，谁都知道，这是熊佛西准备给患肺结核的儿子购买盘尼西林的针药的钱。"不，熊校长，我们坚决不能收！"几位老师又把银元收回了布包。熊佛西见大家不收,急得涨红了脸:"你们知道吗?现在学校连伙食费都不够。我为什么要这么做,因为这些学生都是我的孩子!"熊佛西流泪了,在场的老师们也流泪了。

这是他对学生的真挚情感的表现。他不止一次对学生们说:"孩子们,我爱你们,我愿意做你们真诚的朋友,如果你们有困难可以来找我。"熊先生每次都帮助有困难的学生付学费,到月底发薪水的时候,学生看到学校的会计把扣单给熊佛西,心底都有着说不出的难过。

爱惜人才、尊重教师,这是熊佛西先生另一个以人为本的理念体现。学校以教学为主,而教学又离不开老师,所以办学校的关键是建立一支高素质的师资队伍。熊佛西渴求人才、尊重人才,担任剧校校长期间,他聚集了一批当时戏剧文化艺术界的顶尖人才。新中国成立后,学校规模不断扩大,办学条件日益改善,师资队伍也相对稳

10-7
熊佛西给学生赠书

戏剧殿堂的师魂
——戏剧家熊佛西

定，他一方面邀请名家来学校任教，一方面输送年轻的教师到国外深造，上海戏剧学院很快就建设了一支强大的、稳定的、有传承性的教师队伍。

师道感悟

熊佛西先生自1947年担任上海市立实验戏剧学校校长算起，前后在任19年。自1952年上海戏剧学院建院算起，至1965年他逝世时止，也有13年。最重要的是，他对学院的影响以及他的学生对他的崇敬始终是无所不在的。1985年上海戏剧学院院庆40周年时，最隆重的一项活动就是校友们自动捐款在校园内建起了熊院长的铜像；80年代末，学院图书馆要开办一个小小的戏剧书店，当时主持院务工作的余秋雨为之题名为"佛西书屋"；今年来，学院的老校友自发坚持编辑《横浜桥》，并每月定期聚会，其凝聚力除了对学院的感情外，很重要的一个来源也是大

图10-8
熊佛西和老师们一起研究工作

熠熠星辉
——上海高校大师故事

家都以身为熊门弟子而自豪，共同对熊院长怀着由衷的爱戴与思念。可以毫不夸张地说，熊佛西的名字，是上海戏剧学院治学传统的象征，也是上海戏剧学院校园精神的标志，因此，他是全体上戏人的真正的骄傲。

——荣广润（上海戏剧学院原院长）写于 2000 年 8 月《熊佛西戏剧集》序

上海戏剧学院的熊佛西铜像，每逢毕业典礼和校友返校时都会被学生的鲜花簇拥，我知道，那不仅是晚辈对前辈的怀念，也是学生对老师的感恩；每逢老校友讲起熊院长的事迹时，总是绘声绘色地模仿一段，虽不尽相同，但我知道，那是他们心中的熊院长，更是我们每一个对国家教育的希望……

——熊梦楚（大师剧《熊佛西》导演）于 2019 年

（撰稿：顾颖）

戏剧殿堂的师魂
——戏剧家熊佛西

中国武术的丰碑

——武术家蔡龙云

大师生平：

蔡龙云（1928—2015），我国著名武术技击家、理论家、教育家，上海体育学院教授，原国家体委武术研究院副院长。中国武术九段，国际级武术裁判。

主要贡献：

（1）1943 年和 1946 年，先后在上海与西洋拳击家比赛，以中国拳法击败苏联拳击家马索洛夫、美国重量级拳击冠军鲁赛尔，被人们誉为"神拳大龙"。

（2）1953 年，在全国民族形式体育竞赛暨表演大会上获"优秀奖"。

（3）1956 年开始，屡任国际、国内武术比赛裁判长、总裁判长。

（4）1958 年，主编我国第一部《武术竞赛规则》。

（5）1959 年，被原国家体委评为"第一届全国运动会先进个人"。

（6）1984 年，被原国家体委评为"全国武术挖整工作先进个人"。

（7）1985 年，被评为"全国体育优秀裁判员"；同年，被授予"新中国体育开拓者"荣誉奖章。

（8）1991 年，享受国务院颁发的政府特殊津贴。

图 11-1
蔡龙云像

师魂唱响

为人之道，更像一块豆腐，方正洁白，可荤可素。做人就应该方方正正、干干净净、清清白白、可上可下、可进可退。

武术是我们中华民族古老的传统文化，对传统文化的继承和发展，我觉得应该本着保持民族性、体现时代性的精神，使得古老的武术文化能够在继承传统的基础上有新的发展。当前我们的国家已经日益强大，"东亚病夫"的年代已经一去不返了。在这和平发展的年代里，我们的大学生，青年一代，是我们祖国建设的栋梁，我们希望你们能够高举民族精神、爱国主义的大旗，认真学习、全面发展，在科技、文化、教育、体育等各个领域，能够勇于超赶世界先进行列，为我们中华民族复兴，为我们国家繁荣昌盛而努力奋斗！

——蔡龙云

图 11-2
大师剧《蔡龙云》剧照

中国武术的丰碑
——武术家蔡龙云

师者故事

一、新中国武术的开拓者

蔡龙云,出生于 1928 年,汉族,山东济宁人,中共党员;中国著名武术技击家、理论家、教育家,上海体育学院教授,原国家体委武术研究院副院长;中国武术九段,国际级武术裁判,曾任上海体育学院武术教研室主任、体育系副主任,上海市武术协会副主席,上海市职工武术气

图 11-3
蔡龙云武术照

熠熠星辉
——上海高校大师故事

功协会主席，中国武术协会副主席，中国武术学会副主任，中华全国体育总会委员，第七届全国政协委员。

蔡龙云先生幼年习武，擅长华拳、少林、太极、形意诸技，尤精技击。1943 年和 1946 年，先后在上海与西洋拳击家比赛，以中国拳法击败苏联拳击家马索洛夫、美国重量级拳击冠军鲁赛尔，被人们誉为"神拳大龙"。1953 年，在全国民族形式体育竞赛暨表演大会上获"优秀奖"；后入选国家队并兼任政治辅导员。1956 年开始，屡任国际、国内武术比赛裁判长、总裁判长，后任第 11 届亚运会任武术竞赛委员会主任。

蔡龙云多年从事武术教学、科研和管理，卓有建树，有《武术运动基本训练》《华拳》《五路查拳》《太极刀》《醉酒拳（中英文对照版）》《剑术》《少林寺拳棒阐宗》《武松脱铐拳（中英文对照版）》《琴剑楼武术文集》《稀世珍本·经典华拳》等专著 10 余部；曾主编我国第一部《武术竞赛规则》，参与编写全国体育院校通用《武术》教材；在报纸杂志上发表学术性、技术性、知识性文章 70 余篇。

蔡龙云为中国武术事业作出了卓著的贡献。1959 年被原国家体委评为"第一届全国运动会先进个人"；1983 年任全国武术遗产挖掘整理工作组副组长，1984 年被原国家体委评为"全国武术挖整工作先进个人"；1985 年被授予"新中国体育开拓者"荣誉奖章；1988 年荣获中国国际武术节"武术贡献奖"；1991 年起，享受国务院颁发的政府特殊津贴；1994 年，在全国社会群众投票选举"武术家"的活动中，获票最多；2008 年，上海市教育委员会为他建立了"蔡龙云大师工作室"。

二、中国武术教育的奠基人

蔡龙云历经新中国、新时期武术事业发展的曲折历程，他从实践中探索理论，将理论运用于武术发展，形成整体观、发展观、求实观，以及道德论、教育论、学术论、技击论、艺术论、体育论的"三观""六论"的武学思想与教育理念，为武术事业作出了卓越的贡献。

蔡龙云高屋建瓴的"三观"高瞻远瞩，从宏观上解读了武术的构成、发展方向、研究方法和途径。"击舞分类"的武术整体观，是其武学思想的核心内容；继古开今的武术发展观，是武术可持续发展的重大思想保障；坚持实事求是的原则，是蔡先生进行武

中国武术的丰碑
——武术家蔡龙云

术研究最基本的方法论，使他的武术思想和教育理念更具有现实意义。因此，在武术多元化发展的今天，覃研蔡先生武术思想的深刻内涵，彰显其思想精髓，既对武术学术研究具有积极的指导意义，也为现代武术实践的改革与发展拓展出更为广阔的空间。

蔡龙云见微知著的"六论"。

（一）道德论。蔡先生认为，就武德教育角度而言，我们武术要通过武德教育来明确培养武术人才的目的。要注意培养奋斗精神，弘扬"浩然正气"，进行一种刚性教育。在新时期，武德应该与社会道德相融合，与时代相契合。

（二）教育论。《武术运动基本训练》与《关于武术教法中的几个问题》凝聚了蔡先生教育思想的精华。《武术运动基本训练》的出版发行是蔡先生武术基础训练理论研究系统化的标志；《关于武术教法中的几个问题》则是他理论与实践教学相结合的结晶。时至今日，蔡先生论著中蕴含的教育思想及其特点以及对教育目的的阐述，仍然能为当今武术教育改革提供新的借鉴与启示。

（三）学术论。蔡先生提出，武术理论研究一定要从武术的实际出发，"既要从传统文化中汲取丰富的营养，又要运用现代科学的最新方法，以科学的方法有系统地整理武术，以合乎运动训练学规律的准则作为武术研究的标准"。

（四）技击论。技击是武术的本质特征，正是武术的动作具有技击的含义，才使得武术与舞蹈有着本质的不同。中国武术借助套路、格斗两种运动形式，以多元化的途径来展现其技击本质特征。套路是技击的形象表现，格斗是技击的实际运用，虽然两种运动形式的外在表现迥然不同，但是究其根本，都是以技击为根本素材、辅以其他不同元素而形成了各具特色的表现形式。

（五）艺术论。中国武术套路由外及内体现了艺术的两重层次，即动作艺术化体现的外在形式美和演练形象化表现的内在意蕴美。武术套路是武术从实用升华到艺术的产物，是表达武术格斗美感的工具。因此蔡先生提出，对于武术的套路，要从艺术的层面去诠释，"要用艺术的眼光去看待它"。

（六）体育论。蔡先生坚持认为武术与军事武艺不能等同而论。武术在不同的时期有不同的任务。早在商周时期，武术就已是军事技术与艺术的结合体；在现代社会，从长远的角度来看，武术要发展，应该站在体育科学的立场，从科学视角出发，把武术作为体育运动项目来发展。正因为武术被列入体育范畴，才得以进入学校，成为专业学科，为国家培养了众多的武术人才，使武术事业蓬勃发展。

三、中国武术人才的筑梦人

蔡龙云于 1960 年担任上海体育学院武术教研组组长。1961 年蔡龙云和一批学院里的老专家共同出版了全国体育院校通用教材上、中、下 3 册。当时没有主编，只有编写组，大家分工写，蔡龙云负责串编。新中国成立前还没有全国统一的武术教科书，这 3 本书是新中国第一套武术教科书，这是蔡龙云一个非常重要的贡献。

1962 年在上海体育学院风雨操场举行过一次 14 个省

图 11-4
蔡龙云（右四）指导学生练武术

中国武术的丰碑
——武术家蔡龙云

市区的武术比赛，有规定套路，也有自选套路，各队风格不同，而技术标准是一致的，手型、步型、跳跃、平衡都清清楚楚。"长拳"运动的确立，蔡龙云功不可没。

因蔡龙云的缘故，1996 年国务院学位办批准上海体育学院设立全国第一个"武术理论与方法"博士学位授权点。

蔡龙云在学校从教以来，先后培养王培锟、邱丕相、陈春茗、高雪峰、许金民、赵光圣等一大批武术领域的知名教授和高级教练。20 世纪 60 年代全国出类拔萃的武术专业运动员都愿拜蔡先生为师，如黑龙江的于立光，江苏的王金宝，山西的张玲妹，安徽的陈道云，上海的李福妹，山东的于承惠、于海、王常凯等，对他从技术到理论都非常崇敬，蔡先生可谓桃李满天下。

四、中国武术教育的铸魂人

蔡龙云以敦厚周慎的为人、以身立教的示范、笔耕不辍的研武、克尽厥职的敬业、关怀备至的仁爱德范，树立起中国武术师者的典范。

敦厚周慎的为人。蔡龙云待人平易亲和，从不居高临下。每逢师生去大师工作室，他总是起身相迎，和蔼可亲，慈和仁厚。每遇公私之事，历来原则分明，廉洁自律，淡泊明志。

以身立教的示范。蔡龙云教学准时，指导严谨，示范精准。从动作规格要点，到攻防技法运用，从演练节奏变化，到动作路线分布，解惑详尽，倾心相授，薪传技艺。

笔耕不辍的研武。蔡龙云古稀之年时，仍皓首研武，华拳著书，事必躬亲。从动作分解逐字订正，到要领说明严谨周密，从动作路线手绘草图，到动作图像补偏救弊，一丝不苟，研精究微，焚膏继晷。

克尽厥职的敬业。蔡龙云凡事亲力亲为，细致入微。华拳拍摄，每一个动作从手、眼、身、步，到精、神、气、力，恪守法度，精益求精，身体力行，恪尽职守。

关怀备至的仁爱。蔡龙云爱生如子，无微不至。从做人嘱咐叮咛，到家事嘘寒问暖，从工作谆谆教诲，到发展指点迷津，体贴入微，宽仁慈爱。

蔡龙云视师者之德为真谛，在我们为师者的内心播撒下了"学武之人，身心皆正"的坚韧种子，这一独特的魅力承载了非凡的意义。

师道感悟

　　蔡龙云教授是我国著名的武术大师，能武能文。为了向社会大众宣传武术、介绍武术，从20世纪50年代起他就执笔在报纸杂志上发表有关武术的文章。积之岁月，遂成巨帙。这些文章，内容丰富，涉及面广，有武术运动起源和发展，武术教学方法，武术搏斗运动战略战术的主导思想，拳术和器械科普知识，有关太极、形意、华拳等拳术技法，武术竞赛评述等；有武术人物介绍、掌故、见闻；也有蔡龙云教授对武术的某些问题独到的见解。除此之外，还包括对一些民族体育运动其他形式的介绍和叙述，诸如毽子、石锁、射箭、垫上运动、梅花桩、摘星换月等。可以说事综而博，琳琅触目。这些文章虽不同于大块的学术论著和科研

中国武术的丰碑
——武术家蔡龙云

论文，但谁又能说精湛杂文不足以胪列金匮石室呢？

《易》曰："君子以多识前言往行，以畜其德。"孔夫子教人，亦曰："多闻。""择其善者而从之。"我在这里向广大读者朋友们郑重推荐蔡龙云教授的这部《文集》，希望大家，特别是年轻一代的武术工作者和研究生们，通过阅读，能从"前言往行"的文章中"多识""多闻"，获得教益和启迪，在我国新的发展历史时期，努力为中华民族武术运动的传承和发展，作出新的贡献！

——姚颂平（上海体育学院原院长）

蔡先生一视同仁，认为德、礼非常重要；蔡先生一生中都能做到兼收并蓄，吸取古今中外的精华，立意新颖，

图 11-6
蔡龙云在查阅资料

熠熠星辉
——上海高校大师故事

并且能弘扬新思想,传播新事物。

——王培锟(上海体育学院教授)

　　蔡龙云先生文武贯通、击舞融合,是德艺双馨的武术家;著书立说、筑基武术,是新中国竞技武术的开拓者;寓教于武、继承创新,是新中国武术教育的奠基人。

　　蔡老师重视武术教育,强调"少年强则中国强",在青少年这一代要进行武术教育。武术教育最重要的是品质、精神、人格的教育,不是单一地通过理论进行教育,也不是只教技术、练功夫,而是要通过技术锻炼,使学生感悟和体悟品格与精神。他还强调,习武之人要心力坚强,要培养青少年的心力,练武术时刻要进入一种战斗的状态,这样精气神才能表现出来。

　　回顾蔡先生的人生历程,正是:铁骨神拳挫洋力士为民族吐气扬眉,丹心精论革新武术育中华栋梁英才。

——邱丕相、郭玉成(均为上海体育学院教授),载上海体育学院学报
2016 年 1 月《丹心精论 高岸深谷——漫谈武术泰斗蔡龙云先生对中国武术的贡献》

　　为武之道重德,学术思维辨正,理论研究创新,文武双修育人。

——郭志禹(上海体育学院教授)

　　蔡先生尚礼崇德、学贯古今、笃实求新。

——刘同为(上海体育学院教授)

　　先生 87 个春秋的一生(1928—2015),让我们思考这样一个问题:是什么让我们追寻思念永远的蔡龙云先生呢?我的回答是,是其"云天深处见龙腾"的凌云壮志与其"龙腾云天的不平凡一生"让我们永世难忘!

　　正是其"龙腾云天"之气象,成就了他光辉的一生,导致先生以白菜豆腐比喻的清清白白做人之原则。

正是其"龙腾云天"之气派，使先生以传统的继承与现代的创新之完美结合，保存了中国武术文化未来燎原的薪火。

正是其"龙腾云天"之气势，为上海体育学院武术学院在中华民族伟大复兴中国梦的建设中、在推进世界一流体育大学建设的道路上续写辉煌奠定了坚实的精神基础。

向蔡龙云先生学习其"龙腾云天"精神，可以夯实我们师德师风的理想性教育。在我看来，正因其理想性方有教师奉献意识和群体意识的形成，也正因其理想性方有教师"以德立身、立学"的成长之路以及教师"以德施教、育德"的教育实践，还正因其理想性方有教师成为"学为人师，行为世范"的学生健康成长指导者和引路人之目标的最终实现。可见，上体武术学院师德师风"龙腾云天"的理想性建设，可以让我们头顶中华优秀文化复兴之蓝天，重温我们武术理想之初心，扎根于武术教育之大地，在各自岗位上将武术的理想在一届又一届学生的身心间传唱，使中国优秀传统文化在上体与各地之间共鸣、在当代与未来间交响。

——戴国斌（上海体育学院教授）写于 2018 年 11 月《蔡龙云诞辰 90 周年之际》

（撰稿：王继强、韩洪伟、李琳）

威严的法律卫士

——法学家雷经天

大师生平：

雷经天（1904—1959），我国著名革命家、法学家，中国共产党党员，解放军高级将领，中国革命的先驱，右江根据地创建人。

主要贡献：

（1）1925 年，五卅运动时期投身反帝爱国斗争的洪流，代表上海市学联参加全国学联。

（2）1926 年，任广州黄埔军校入伍生团党代表秘书、军校政治部宣传科长。12 月任广州工人赤卫队总指挥部政治部主任。

（3）1928 年，被委任为中共广东省委特派员。

（4）1937 年 7 月 9 日，陕甘宁边区高等法院成立，雷经天先任审判庭庭长，10 月任代院长。10 月 10 日，主审宣判了轰动延安的"黄克功枪杀刘茜"案。

（5）1945 年，党的七大闭幕后的第三天，雷经天任八路军三支队政委。

（6）1950 年 6 月，调任中华人民共和国最高法院中南分院院长。

（7）1956 年 6 月，调任上海华东政法学院院长、党委书记，全面负责学院的党政领导工作。

图 12-1
雷经天像

熠熠星辉
——上海高校大师故事

任何的坚持和努力都不会毫无意义，即便今天失败了，明天站起来重新来过就好。真正的理想，人们的信仰，对法治社会的坚持，是不应该因为一两次的挫折而就如此简单地被动摇。在逆境中崛起、在辉煌中卓越，用法律帮助这世界，为了更好的世界。

——雷经天

师者故事

雷经天（1904—1959），原名荣璞，号经天，广西南宁人。其父雷在汉是南宁辛亥革命的元勋。雷经天是五四时期南宁学生运动领袖，后任黄埔军校政治部宣传科科长。他亲历我党发动的"三大暴动"，3次被冤开除党籍，两次背着"黑锅"长征，后任陕甘宁边区高等法院院长。

图 12-2
大师剧《律诗·雷经天》剧照

威严的法律卫士
——法学家雷经天

雷经天是中国共产党法治建设的创始人之一。他为新民主主义革命时期和社会主义建设时期的法治建设作出了贡献，为党的法治建设奠定了理论基础。"黄克功案"是雷经天经手的第一个最为棘手的案件，震惊党内外。一边是战功赫赫的红军将领，一边是一心向党的女学生；一边是网开一面、戴罪立功的说情，一边是人人平等、公正执法的呼声……雷经天用他的正义和智慧，维护了法律的尊严，又让违法者诚心服罪。

雷经天的一生，有过指点江山、激扬文字的豪迈；有过指挥若定、决胜千里的气魄；有过掌声雷动、繁花似锦的荣耀；也有过阶下为囚、蒙冤遭难的坎坷。但他对共产主义的理想信念毫不动摇，对党的事业无限忠诚。他是一位值得纪念的人，一位真正的共产党人，一位传奇的革命家。

一、华政的诞生：开校元勋雷经天

雷经天是华东政法学院的第三任校长。

1923 年，19 岁的雷经天考入厦门大学。翌年，转入上海大夏大学继续求学。1925 年，在震惊中外的五卅惨案中，雷经天组织了大夏大学同学声援工人的斗争，并在运动中由恽代英、贺昌介绍加入中国共产党。五卅运动后，22 岁的雷经天奉命前往广州黄埔陆军军官学校工作。1926 年 7 月，国民革命军北伐时，雷经天任国民革命军第 6 军政治部宣传科科长。北伐军攻占九江后，雷经天调任第 6 军政治部九江留守主任。"宁汉合流"、汪精卫随蒋介石叛变革命时，中共中央军委调雷经天到叶挺部队中任党代表，参加"八一"南昌起义。

后来在广州起义时，雷经天奉命顶替被捕的周文雍担任广州赤卫队总指挥部政治部主任。起义失败后，雷经天随一部分部队进入广西左江、右江地区，开展游击战争。1929 年 10 月，他与邓小平、张云逸、韦拔群等并肩作战，在广西发动了著名的"百色起义"，成立了工农红军第 7 军和右江苏维埃政府，雷经天出任主席。

由于王明左倾冒险主义的危害，1934 年 10 月中央红军被迫长征。雷经天也参与其中，到达了陕北。1937 年 7 月 9 日，陕甘宁边区高等法院成立，谢觉哉、董必武先后任院长，雷经天先任审判庭庭长，10 月后任代院长、院长。上任不久即遇上了轰动延安的"黄克功杀人案"。作为该案审判长的雷经天，深入基层，倾听各方意见。根据黄克功的犯罪事实，雷经天顶住压力，力主对黄克功处以极刑。毛泽东主席也在给他的亲笔信中表示支持。雷经天在主持陕甘宁边区高等法院工作期间，为陕甘宁的司法建设作出了重要贡献。

1956 年 6 月 28 日，雷经天出任华东政法学院院长，4 个月后，又兼任华政党委第一书记。从此，雷经天全面负责华东政法学院的党政领导工作。他十分重视教学工作，要求院党政领导干部选择一门课程，一面学习，一面指导，作为教改的试点。他要求干部深入教研室，具体抓好教学。他领导全院制定向科学进军的科研工作规划，调动教师科研的积极性，促进了教学质量的进一步提高。他强调大学必须要有科研，必须要有高水平的作品和人才，在这一指导思想下，他倡议并全力推动，将季刊《华东政法学报》改造提升为月刊《法学》。他顾全大局，抽调大量的骨干教师和职工，输送给新建的上海法律学校和济南法律学校。他关心群众，克己奉公。当时，学校分配了较好的楼房给他住，他婉言谢绝。外出开会，他也不坐小轿车，而和大家一起坐大客车。炊事员生病，他还亲自去探望。

在雷经天的领导下，华政的影响力不断扩大。1957 年 1 月 17 日，在上海法学会全体会员大会上，雷经天被选为会长。雷经天还有一个非常优良的品质，就是以善待人，以德感人，宽厚、包容。比如，当时"五反"运动刚刚结束，许多在运动中被揭露出问题的教师面临组织处分，这些教师也心有余悸。而在雷经天的影响下，当时的华东政法学院党委对教师的处分非常慎重，尽量往轻缓的方向引导。比如，在"金亚声"一案中，雷经天主张把人的思想和行动分开，没有给曾收听过"美国之音"的金亚声以处分。最为历史所铭记的是，雷经天坚持实事求是原则，坚决不搞"反右扩大化"，因此没有完成划分"右派"的指标，保护了一批干部教工。尤其是青年教师黄道，由于发表了"论无罪推定"的文章，在"反右"运动中处境岌岌可危。而雷经天通过一次有当时中宣部部长陆定一参加的座谈会上与领导的对话，为黄道争取到了"这是一个学术问题，而不是政治问题"的答复，从而使黄道躲过了一劫。

1958 年 8 月，华东政法学院、上海财经学院、复旦大学法律系、中国科学院上海经济研究所和上海历史研究所合并组建上海社会科学院，雷经天出任上海社会科学院第一任院长。这时，他的肝癌已到晚期，他用凳角顶住肝区仍坚持工作。在医院弥留之际，雷经天拒用珍贵药品，他对医护人员说："我不行了，药品都留给其他同志用。"1959 年 8 月 11 日清晨，雷经天去世，享年仅 56 岁。

二、黄克功案件：公平正义雷经天

1937 年 10 月，在革命圣地延安，发生了一起震惊陕甘宁边区、影响波及很广的杀人案件，它就是著名的"黄克功案件"。

黄克功，1911 年出生，江西南康人，1927 年参加革命，1930 年参加中国工农红军，同年入党，参加过井冈山斗争和二万五千里长征，并在二渡赤水的娄山关战役中立过大功。历任红军班长、排长、连长、营政治教导员、师政治部宣传科长、团政委。黄克功曾在 1934 年 6 月 15 日的《红星报》上发表文章，题为《巩固红军的模范连——十个月没有一个逃跑的》，可以看出，他是一个具备一定理论水平、有较高领导能力的指挥员。

1937 年 8 月，黄克功任中国人民抗日军事政治大学第 15 队队长，并同队里的一位女学员刘茜谈恋爱。接触一段时间后，二人因诸多原因发生矛盾。10 月 5 日夜间，黄克功约刘茜散步，在双方越来越尖锐的口角、争论、顶撞中，暴怒的黄克功竟开枪将刘茜打死。

在怎么惩治黄克功的问题上，边区内的干部群众有分歧。一部分同志认为，黄克功触犯了边区刑律，应该处以极刑，以平民愤。还有一部分同志认为，黄克功是有功之臣，年纪很轻，应该给他一个戴罪立功的机会。黄克功在其陈述书中请求："恕我犯罪一时，留我一条生命，以便将来为党尽最后一点忠。"担任案件审判长的雷经天就此案件给毛泽东写了一封信，并附上了黄克功的陈述书。

毛主席把这个棘手的问题交给了刚刚成立的陕甘宁边区高等法院，然而此时由于法律的不健全，能否秉公执法，成为党和人民关注的焦点。经过审判长雷经天的慎重考虑，黄克功案件最终决定进行人民公审。一场阳光下的审判，就此拉开序幕。来自各学校、部队和机关的万余人涌进陕北公学的操场，12 位群众代表对黄克功的生死发表自己的意见，雷经天一手推出的陪审员形式成为了法律审判制度的雏形。在情与法的挣扎中雷经天依然能把两碗水端平，一方面是曾经的生死战友、救命恩人，另一方面是对法律的公平公正的追求。正因为信奉法律的尊严才有了他那先对自己判处的"三个死刑"：第一，判处了使用"特权"的死刑；第二，判处了情感用事的死刑；第三，判处了等

毛泽东关于处决黄克功问题致雷经天信
（一九三七年十月十日）

图 12-3
毛泽东关于处决黄克功问题致
雷经天的信（影印件）

待上司意见、不想独立审判、怕承担责任的死刑。掷地有声，公平正义，那是法律的公正完全赋予审判长雷经天的重任，他也公正地诠释了法大无情、警示众生的现实意义。

师道感悟

纯粹的学生社团以音乐剧《雷经天》的创作演出来讴歌依法治国的职业理想，向边区法院第一任审判长，上海华东政法大学首任校长、上海社科院首任院长致敬！感谢华东政法大学团委为校园和法治文化建设尽心尽力！

——陈东（中共上海市委宣传部原副部长）

这部音乐剧在舞台上塑造了我父亲的另一种形象，而且塑造得非常成功。也没想到这台音乐剧质量这么高，制作得如此精良。2014年《黄克功案件》的电影塑造了我父亲的荧

威严的法律卫士
——法学家雷经天

幕形象后，现在在舞台上又塑造了音乐剧的形象，而且是会唱歌的，真的让我非常惊喜。

我父亲雷经天可以算是中国红色司法的奠基人之一。他的这些司法实践，希望能够对从事法律工作的青年后辈起到教育和借鉴作用，也希望追求法治的精神能够一直传承下去。如果这台演出能够通过视频等手段保存下来，也是往后每届华政学子一种很好的教学资源。

像这种音乐剧的形式我以前也没有接触过，今天是第一次看。没有想到它这么生动活泼，也非常接地气，能够引发年轻人尤其是大学生的共鸣。我也希望通过这种载体，对青年朋友予以启发和思考，同时传播正能量。

——雷炳坚（雷经天之子）

（编辑整理：张晶星、卢诗语）

熠熠星辉
——上海高校大师故事

鱼翔浅底的大师

——鱼类学家朱元鼎

大师生平：

朱元鼎（1896—1986），浙江鄞县（今浙江省宁波市鄞州区）人，为中国水产科研和教育作出杰出贡献的国际著名鱼类学家、中国鱼类学的主要奠基人和水产教育家。

主要贡献：

（1）1930—1931年，先后发表《中国鱼类学文献》和《中国鱼类图说》（共9个部分）。撰写出版《中国鱼类索引》，是中国，也是世界上首部全面、系统的中国鱼类学专著，曾获1939年北平自然历史学会金质奖状。该书至今仍是研究中国鱼类学的经典参考书。

（2）1935年，发表《中国鲤科鱼类之鳞片、咽骨及其牙齿之比较研究》，揭示了中国鲤科鱼类鳞片、咽骨和牙齿构造与鱼类演化的关系，创造性地提出中国鲤科鱼类分类系统的意见，并发现7个鲤科鱼类新属。

（3）1963年，撰写出版《中国石首鱼类分类系统的研究和新属新种的叙述》，充实了中国石首鱼分类系统，解决了分类学上存在的紊乱问题，而且其研究方法为中国鱼类分类研究开辟了一条新途径。

（4）1979年，发表专著《中国软骨鱼类的侧线管系统以及罗伦瓮和罗伦管系统的研究》，提出一个新的中国软骨鱼类分类系统，对于鱼类形态学、分类学，以及进化理论方面都有深刻影响。该项成果获1987年国家自然科学奖三等奖。

（5）1984—1985年，主编出版《福建鱼类志》上、下卷，该志将学术性和应用性相结合，代表我国当时鱼类志先进水平，达到国际鱼类分类研究的先进水平。曾作为福建科学技术出版社1985年在香港举办的中国书展参展书籍，引起国内外同行好评，获第四届全国优秀科技图书二等奖。

师魂唱响

在黑暗的岁月里，我向往着国家昌盛，民族复兴，科学文化繁荣，但是我们老一代科学家却英雄无用武之地。

——朱元鼎

师者故事

一、朱元鼎的水产人生路

朱元鼎（1896—1986），浙江鄞县人，一级教授，著名鱼类学家和水产教育家。1920 年毕业于东吴大学生物系，1926 年获美国康奈尔大学理学硕士学位，1934 年获美国

图 13-1
朱元鼎在主持鱼类学讨论课

熠熠星辉
　　——上海高校大师故事

图 13-2
大师剧《朱元鼎》剧照

密歇根大学哲学博士学位。曾任上海圣约翰大学教授、生物系主任、研究院院长、理学院院长、代理教务长。1952年后历任上海水产学院教授、海洋渔业研究室主任、鱼类研究室主任、院长，东海水产研究所所长。第三、第五届全国人大代表，第二、第三届全国政协委员。中国水产学会、中国鱼类学会、中国海洋湖沼学会创始人之一；《水产学报》主编，《海洋与湖沼》《动物学报》《水生生物学报》等学术刊物编委，圣约翰大学校友会第一任会长。他长期从事鱼类学研究，一生共发现鱼类48新种、10新属、4新亚科，发表研究专著和论文《中国软骨鱼类志》《南海鱼类志》《东海鱼类志》《南海诸岛海域鱼类志》等67部、篇，其中《中国鱼类索引》是中国第一部较系统的鱼类分类学专著；《中国软骨鱼类的侧线管系统以及罗伦瓮和罗伦管系统的研究》获1987年国家自然科学三等奖。他在鱼类系统演化和系统发育方面做了许多开创性工作，为中国鱼类学主要奠基人之一。

二、鱼类学的奠基者与水产教育的先行者

1955 年第二届全国政协开会期间，毛泽东主席在怀仁堂宴请一批老科学家。当高等教育部负责人向毛主席介绍朱元鼎时，毛主席握了握他的手，亲切地点点头。这时，59 岁的老教授百感交集，无法用言语表达激动的心情。他举起酒杯，对主席说："毛主席，我祝愿您健康长寿！"他从心里感到中国共产党领导的人民政府，是真正重视科学，重视知识分子的人民的政府，对科学事业和科学工作者给予了无微不至的关怀。

1953 年 10 月，方原校长调离上海水产学院，院务工

图 13-3
朱元鼎（左一）指导学生制作鱼类标本

熠熠星辉
　　——上海高校大师故事

作由副院长王文锐主持。一直到1957年11月，院长一职都空缺。1957年3月，中共上海水产学院委员会成立。7月2日，胡友庭由同济大学调到上海水产学院任党委书记。胡友庭觉得院长一职的长期空缺，对工作开展十分不利。经慎重考虑，听取意见，上海水产学院党委郑重推荐朱元鼎担任院长，这一建议很快被上级采纳。1957年11月，国务院任命朱元鼎为上海水产学院院长，与胡友庭、刘宠光等组成了新的领导班子。至今，盖有周恩来印鉴的任命书还陈列在上海水产大学鱼类标本室里。朱元鼎在潜心科学研究的同时，承担起了学校行政工作的重任。

年已花甲的朱元鼎在1957年11月27日全院教职工大会上动情地说："这次国务院任命我为上海水产学院院长，我深深地感到无比光荣。这个光荣是党和人民给予

图13-4
周恩来总理颁发的朱元鼎院长任命书

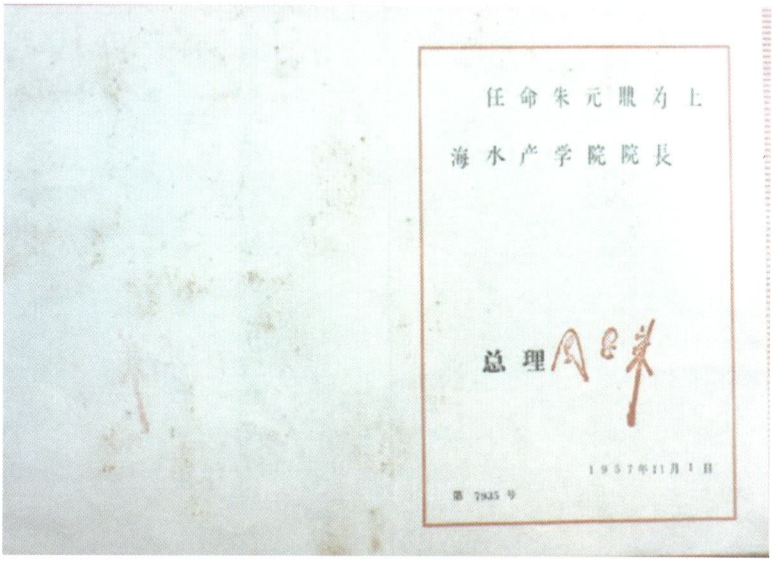

鱼翔浅底的大师
——鱼类学家朱元鼎

我的，我一定要报答党对我自解放以来的长期培养和鼓励。我定要贡献出来我的一切力量，把这一光荣的任务承担下来。"

这一时期，经历了长时间的战乱，全国所有高校几乎都面临百废待兴的局面，许多工作几乎相当于白手起家、重新创业。又逢当时的全国性反右扩大化和随后的"大跃进"造成的国家政治环境和经济环境的困难，学校人心浮动，教学、科研受到很大影响。在此情况下，朱元鼎和胡友庭等精诚合作、排除干扰，在他负责的科学研究工作领

图 13-5
朱元鼎与助手们在解剖鱼类
标本

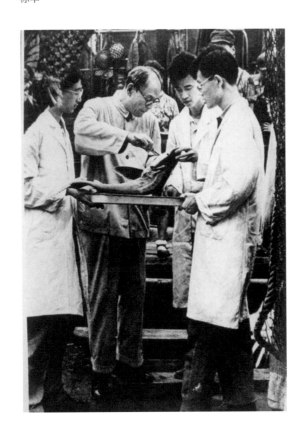

熠熠星辉
——上海高校大师故事

域，进行了几项对学校有开创性、历史性意义的重大工作：与舟山地区全面合作，大批师生参加了波澜壮阔的近海渔业机械化运动和海水养殖的开创工作；开展了与上海市水产局的全面合作，共建了研究所，参与郊区淡水渔业的发展，特别是完成了家鱼人工繁殖鱼苗生产的工厂化技术突破工作；进行了海洋渔业资源及渔船渔具调查和长江流域渔业调查。

朱元鼎知道人才是教学科研工作的关键。他开始物色、培养鱼类学研究的继承者，罗云林、伍汉霖、金鑫波等一批得力助手先后被分配到研究室工作。

1957 年华东师范大学讲师、现为著名鱼类学家的孟庆闻被派到上海水产学院进修。孟庆闻毕业于同济大学生物系，并留校任教。1952 年全国院系调整时，同济大学理学院并入华东师范大学，孟庆闻因此转入华东师范大学工作。朱元鼎渊博的学识、敬业的精神令孟庆闻深受感染。每每在学习上有困惑，朱元鼎总能用一口温和的宁波话，简明扼要地指出问题要害，令她豁然开朗。朱元鼎之所以能游刃有余、深入浅出，完全有赖于他深厚的学术功底。孟庆闻扎实的学科基础和业务素质，也很快引起朱元鼎的注意，他从心里希望孟庆闻能调到上海水产学院工作，一同繁荣中国的鱼类学研究。此事得到学校党委的积极支持并出面做工作。起先，华东师范大学生物系不太愿意，但经多方联络、反复工作，终于成全了这桩好事。

1958 年，为解决中国人吃鱼难的问题，在"大跃进"浪潮中，全国也掀起了水产养殖的高潮。然而当时由于没有掌握鱼类遗传生殖规律，只能从野外采集鱼苗，再人工养成（即人工喂养至成品规格）。面对鱼类人工繁殖的高潮，朱元鼎敏感地意识到，要发展渔业经济，必须先从青、草、鲢、鳙四大家鱼入手，解决鱼类人工繁殖问题。由于他的专长并不在此，于是他邀请挚友——著名生物学家、中国科学院学部委员朱洗教授——参与研究。朱洗教授 1925 年曾去法国蒙不利埃大学留学，师从著名胚胎学家巴德荣教授，在胚胎学方面素有造诣。朱元鼎找对了支持者，很快朱洗教授就率领研究人员，通过水流刺激鱼类性腺发育，攻克了四大家鱼人工繁殖的难题。虽然，著名水产学家钟麟利用激素进行人工诱导和同步发育技术，先期解决了四大家鱼人工繁殖的问题，但从今天的环保意识、绿色食品概念看来，用水流刺激鱼体性腺发育没有激素残留等问题，是一种生态而环保的方法，因此，仍不失其独特的科学价值和生产意义。如今，四大家鱼已成为全国上下最普遍最实惠的水产蛋白消费品，对于提升老百姓的优质蛋白质摄入量、提高人民身体素质发挥了重要作用。

在朱元鼎等人带领下，经过几年努力，上海水产学院逐渐建立起一批得力的教学研究队伍，如以孟庆闻、伍汉霖为首的鱼类学研究队伍，以陆桂、谭玉钧、王义强为首的鱼类养殖学科队伍，以赵传絪、王尧耕为首的渔业资源学科队伍，以王素娟、肖树旭为首的海水养殖学科队伍，以黄锡昌、乐美龙为首的捕捞学科队伍和以骆肇荛为首的水产品保藏加工学科队伍。这几支队伍组成了上海水产

图 13-6
朱元鼎与罗马尼亚专家雷波维奇和华尔多洛密伊等座谈

熠熠星辉
——上海高校大师故事

学院的多角支架，并形成了上海水产学院的特色与特长，奠定了如今上海海洋大学的基础，成为后人办学的出发点。

1958 年 10 月，由上海水产学院组建的中国科学院上海水产研究所（今中国水产科学研究院东海水产研究所，1963 年划归水产部，由其直接领导，更名为水产部东海水产研究所，1982 年 10 月起，改由中国水产科学研究院领导）成立后，朱元鼎兼任所长和海洋渔业研究室（1958 年改名为鱼类研究室）主任，更是把全部身心投入科研和教学事业中。上海水产学院得到飞速发展，1960 年全校教职员工达到 619 人，比 1952 年高出 4 倍多，其中教师 322 人，在校学生数由 1952 年的数百人上升到 1960—1963 年的 1100～1200 人。

朱元鼎为发展中国水产事业奋斗了半生。1963 年 1 月他参与创建中国水产学会，并曾担任第一、第二届副理事长，第三、第四届名誉理事长。在 1960—1963 年的短短 4 年中，主编或参与编写《中国软骨鱼类志》《南海鱼类志》《东海鱼类志》《中国石首鱼类分类系统的研究和新属新种的叙述》等具有重要学术价值的专著，基本摸清了中国东、南海鱼类资源的区系分布，为发展海洋渔业事业作出重要贡献，这些专著获得了国内外专家的高度评价。其间他还发表了大批研究论文，在短短 8 年里将标本室建设得初具规模，以至于 1960 年苏联科学代表团参观鱼类标本室时，曾十分惊讶："想不到新中国成立才 10 多年，就有这样好的陈列室，而在我们在列宁格勒是花了 100 多年的时间才做到的呀。"

1958 年，在周恩来总理召集的上海部分大学校长和党委书记座谈会上，周总理亲切地鼓励朱元鼎要把水产教育和科研工作搞得更好。当时，周总理面带微笑地握着朱元鼎的手说："你是搞水产的朱元鼎，党需要知识分子啊！"看着总理慈祥的目光，朱元鼎觉得有一股暖流从总理的手掌流出来，沿着自己的血脉辐射到全身，浑身充满青春的活力。为了不辜负周总理的关怀和厚望，朱元鼎热泪盈眶地说："党需要知识分子，知识分子更需要党啊！"

海洋渔业研究室成立以后，朱元鼎在研究方向上从淡水鱼类转向海洋鱼类。年逾花甲的朱元鼎开始着手总结出自世界著名分类学家林奈 1758 年以来繁多而分散的中国软骨鱼类（鲨鱼一类）研究资料，并根据过去近 10 年中多次从中国沿海所采集的大量软骨鱼类标本，进行分析研究，整理成《中国软骨鱼类志》，1960 年 8 月由科学出版社出版。这一关于我国软骨鱼类比较全面和完整的专著，是我国采集标本最多、收集文献较全的一本经典专著。对每一种鱼类书中都详述其形态特征、分布、生活习性、采集地、异名，以及目、科、属特征等。这本专著是国内外鱼类学界研究中国软骨鱼类资源、区系、分布的不可缺少的重要参考书。

1980 年 8 月盛夏，朱元鼎在京参加第五届全国人民代表大会第三次会议期间，突发消化道大出血，在京住院治疗以后，返沪时尚未痊愈，因此固执不愿再进医院调理的他终于拗不过子女与学生，住进了上海华东医院。但是他实在歇不下来，执意要坚持工作。学生不忍拒绝他的要求，也被他的敬业惜时深深打动，偷偷将他需要的鱼类标本与各类相关参考书搬进医院病房。朱元鼎这才满意，安安稳稳地在医院住下，每日看书写笔记，依然反复观测标本。朱元鼎的子女与主治医生十分奇怪，老人怎么变得如此"听话、配合"。一日朱元鼎的儿子偷偷打开病房大门，只见他捧着厚厚一叠纸，拿着放大镜，正聚精会神地研读着资料，这才恍然大悟。而护士则在检查病房卫生时，无意间打开了朱元鼎病床旁的橱柜，结果发现满满一柜子的鱼类标本！医生与朱元鼎的儿子都哭笑不得，"生气"地说："怎么把办公室搬到医院里来了！"这年暑假天气酷热，当时朱元鼎家中尚无空调设备。出院后，他在家中冒着酷暑和助手一起逐字逐句审阅稿件，进行修改，前后历时 4 个多月看完了福建鱼类志的初稿。

是什么支撑着这个年迈的老人，这个为科学事业奋斗了 60 余年，桃李满门，为后辈留下数百万字的专著论文、令人肃然起敬的老人？一次他和学生谈心时，说起 20 世纪 60 年代曾多次受到周恩来总理的接见。总理勉励他要把水产教育和科研工作做好，他满怀感触地说："可是，我的工作还没有做好啊！"原来，在朱元鼎的心中，装着周总理的嘱托，装着党和人民的期望！

1986 年 11 月，91 岁高龄的朱元鼎卧床不起，虽病魔缠身，仍不忘《中国鱼类志》的编著工作，召集助手于病榻前研讨如何早日完成。伍汉霖还清晰地记得 12 月 7 日星期天上午 10 点，他根据两天前的约定来到朱元鼎那里取回两份评审材料。进门后朱元鼎勉强坐在桌前，十分艰难地用放大镜阅读材料，并做修改，然后颤抖地签了

图 13-7
晚年朱元鼎工作照

名，这是他生前最后签署的两份材料。朱元鼎还关切地
问伍汉霖："这两天在忙什么？标本室整理得怎样了？
即将在南宁召开的中国农业百科全书水产卷编委会有哪
些人参加？将会讨论什么内容？ ……"直到最后，朱元
鼎才说，今天他有一些感冒，很不舒服。这时，伍汉霖
才知道他是在假日里带病工作。至今伍汉霖还清楚地记
得朱元鼎在桌前举起无力的右手和他道别的情景，但他
万万没有想到，这就是他和恩师最后一次一起工作的经
历。次日伍汉霖离沪去南宁开会，朱元鼎就住进医院接
受治疗。

在病榻上，在生命的最后时刻，朱元鼎没有停止工
作。12 月初，某大学教授寄来一篇关于鳜鱼研究的论文
请他审阅，此时他身体已十分衰弱，但还坚持要助手将全
文念给他听，并提出修改意见。这是他去世前审阅的最后
一篇论文。

1986 年 12 月 19 日 14∶30，朱元鼎先生逝世于上海华东医院，享年 91 岁。

师道感悟

在纪念朱元鼎诞辰 100 周年之际，国家原副主席荣毅仁 1996 年 8 月 16 日为他欣然题词"敬业奉公，为人师表"，充分肯定了一位敬业爱国的老科学家的崇高人格和学术风范，以及他为中国鱼类学和水产教育所作的重要贡献。

——荣毅仁（中华人民共和国原副主席）

桃李满园。

——许德珩（全国人大原常委会副委员长）

朱元鼎教授是我国著名鱼类学家，朱老热爱祖国，热心教育事业，治学严谨，65 年如一日，锲而不舍，培育了大批人才，为我国水产事业的发展作出了重大贡献。

——何康（原农牧渔业部部长）

朱元鼎教授是我国鱼类学的一位奠基人，是具有卓越成就的科学家和教育家。朱元鼎在科研上刻苦钻研，善于创造；在教育上要求严格，循循善诱；在著述工作上，态度严谨，一丝不苟；在对学院和科研单位的领导工作中，呕心沥血，致力建设。因此，朱元鼎教授的每一科研成果，都得到学术界的高度赞扬；他的每一个学生和助手都对他亲切尊敬；他的每一部著作都得到读者的极高评价；他所领导的单位和部门都建设有方，蒸蒸日上。我倡议"我们不仅要表彰他对国家和人民作出的巨大贡献，而且要学习他丰富的科学知识和严谨的治学作风，学习他高度的事业心和锲而不舍的精神；把他开创的成绩发扬光大，从而为我国的社会主义现代化建设作出更大贡献"。

——丛子明（中国水产学会原理事长）

熠熠星辉
——上海高校大师故事

朱元鼎为中国鱼类学所作的重要贡献，如今正日益凸显其重要的社会价值和经济意义。他为现今水域生物多样性、基因多样性研究打下扎实基础。在他身后的1990年，中国水产品总产量第一次跃居世界第一位并保持至今，中国成为世界上唯一水产养殖产量超过捕捞产量的国家。这一中国渔业经济领域的重大成就，离不开1954—1978年他发挥过举足轻重作用的东、南海鱼类谱系调查成果。在他之后，鱼类研究室由他的得意门生伍汉霖主持研究工作，又经过10多年的发展，如今朱元鼎为之付出大半生精力的鱼类标本室，每年都要接待各国政要、著名学者和中外学生，而且与日本明仁天皇的生物学御研究所建立了友好关系。他为之呕心沥血了34年的学校，如今已是中国高等水产教育的重要基地，是全国拥有学士、硕士、博士学位授予权的著名水产高校，在国际上也享有盛誉，与美、加、日、韩、澳等国的著名高校和研究机构建立了长期友好合作关系。现在，鱼类研究室一批青年鱼类学家正在成长和崛起。

　　斯人已去，其志永存。朱元鼎所开创的事业永远留在人们心里！

——叶骏（上海海洋大学原党委书记）

（编辑整理：刘海为）

鱼翔浅底的大师
——鱼类学家朱元鼎

爱国爱校的楷模

——力学家钱伟长

大师生平：

钱伟长（1913—2010），著名科学家、教育家，杰出的社会活动家。中国民主同盟的卓越领导人，中国共产党的亲密朋友。中国近代力学奠基人之一，中国科学院院士。代表学术作品（在应用数学与力学方面）：《弹性板壳的内禀理论》《弹性圆薄板大挠度问题》《弹性理论中广义变分原理的研究及其在有限元计算中的应用》《奇异摄动理论及其在力学中的应用》。

主要贡献：

（1）1956 年，与钱学森创建中国科学院力学研究所。

（2）1956 年，创建中国科学院自动化研究所。

（3）1957 年，与钱学森、周培源、郭永怀等创建中国力学学会。

（4）1984 年，创建上海市应用数学和力学研究所和《应用数学和力学》杂志（中、英双语）。

（5）1956 年。担任清华大学副校长；1983 年，担任上海工业大学校长；1994 年，担任上海大学校长直至去世。

图 14-1
钱伟长像

熠熠星辉
——上海高校大师故事

师魂唱响

要拆除"四堵墙":第一堵是学校与社会之间的"墙";第二堵是各部门、学科之间的"墙";第三堵是教学科研之间的"墙";第四堵是教与学之间的"墙"。

——钱伟长 1985 年上海工业大学成立 25 周年大会报告

我们培养的学生首先应该是一个全面的人:是一个爱国者,一个辩证唯物主义者,一个有文化艺术修养、道德品质高尚、心灵美好的人;其次,才是一个拥有学科、专业知识的人,一个未来的工程师、专家。

——钱伟长 1990 年上海工业大学 30 周年校庆《校长的话》

师者故事

一、科学世界的践行者

钱伟长,1913 年 10 月 4 日出生,江苏无锡人。

1935 年清华大学物理系毕业后,钱伟长考取清华大学研究院。1940 年赴加拿大多伦多大学应用数学系学习,主攻弹性力学,跟随导师辛吉研究板壳理论,用 50 天完成论文《弹性板壳的内禀理论》,发表于"世界航空航天之父"冯·卡门 60 岁祝寿文集内,文集中收录的文章作者皆是科坛巨匠,包括爱因斯坦。1943 年获多伦多大学博士学位。1942 年至 1946 年,任美国加州理工学院喷射推进研究所研究工程师,师从世界导弹之父冯·卡门,从事火箭弹道、火箭的空气动力学设计、气象火箭、人造卫星轨道、气阻损失、降落伞运动、火箭飞行的稳定性、变扭率的扭转、超音速对称锥流等问题的研究,并发表了世界上第一篇关于奇异摄动的论文,被国际公认为该领域的奠基人。

1946 年回国后,钱伟长被聘为清华大学机械系教授,兼北京大学、燕京大学教授。1955 年被选聘为中国科学院学部委员(院士)。1956 年当选为波兰科学院外籍院士。

爱国爱校的楷模
——力学家钱伟长

图 14-2
钱伟长 1935 年获清华大学理
学学士毕业照

二、任重道远的爱国者

"回顾我这一辈子,归根结底,我是一个爱国主义
者。"1987 年,钱伟长先生在接受记者采访时这样说。

钱伟长出生于江苏无锡鸿声里七房桥村的一个书香
门第,四叔著名史学家钱穆为他取名,希冀侄儿如"建安
七子"之一徐干(字伟长)般文采出众。他在读书声和丝
竹管乐的熏陶下逐渐成为非常有学识的少年。16 岁时
父亲早逝,从此肩负起照顾弟妹的责任,同时继续追求
学业。

在每个月坐着小船去宗祠领生活费和高中毕业就能
工作当老师养活家人的选择中,他起初选择了后者,他不
愿再看到自己母亲为了多赚一点钱日日夜夜帮人做缝补,
也不愿意每次都心事徘徊地伸手向别人求助。最后,还是
叔父钱穆鉴明了他的决心,虽然过程很艰辛,但比躲在家

熠熠星辉
——上海高校大师故事

乡偏居一隅要好得多。

1931年,钱伟长从苏州中学毕业,以历史和国文满分的成绩考进清华大学。众人期待,他会像叔父那样成为伟大的史学家或文学家,可就在他跨入清华园的第三天,九一八事变爆发了。他毅然决定"弃文从理",立志"科学救国"。经过一年的考察期和艰苦努力,他终于转入了清华大学物理系。从此,他的人生篇章开始了新的一页。事实上,钱伟长的物理基础并不好,是什么原因促使他作出了这样的重大决定呢?钱伟长先生后来说过这样一段话:"我本来是立志学文的,可是国家的危亡、民族的灾难,深深教育了我。我感到,要改变国家的落后面貌,不受别国的欺负,就必须有强大的科技,用科学来救国。于是,我毅然决定改学理科。"

在清华园的学习让他逐渐明白了奋斗的目标。"积几十年的经验、教训,我越来越坚定一个信念,就是每一个中华儿女都要做中华民族补天的女娲。"

1935年夏,钱伟长以优异成绩从清华大学物理系毕业,获得理学学士学位之后,考入清华研究院,师从吴有训教授进行 X 射线衍射、原子光谱学等研究。1939年8月,在昆明的西南联合大学,钱伟长与从清华大学中文系毕业并出身于书香门第的孔祥瑛结为伉俪。

1940年初,钱伟长赴加拿大多伦多大学留学,与林家翘、郭永怀三人同时师从多伦多大学应用数学系主任辛吉(J.L. Synge, 1897—1995)。在之后国外学习工作的 6年中,始终没有放弃为祖国效力的决心。1946年,他毅然回到当时那个一穷二白的祖国。

钱伟长在国外留学期间,他的儿子元凯出世。钱伟长离"中国力学之父"的称号越来越近,却距离一个父亲的身份越来越远。父子俩的第一次见面是在 6年后。虽然终于可以生活在一起,但是他微薄的工资根本负担不起沉重的家庭生活。眼看着本来就对自己有些陌生的儿子过着艰苦的童年,他从好友钱学森那里得知,美国加州理工学院喷射推进研究所希望他能够再到该所工作。钱伟长有所考虑。可就在办理美国签证的时候,申请表上的最后一个问题又再一次让他下定了留在国内的决心。这个问题是"如果中国和美国打仗,你是否会支持美国?"钱伟长对这个问题非常愤怒,他从来不

图 14-3
1946 年，钱伟长与儿子在清华园

认为这个世界上会有任何名利超过爱国并想要为之奋斗的决心，所以他坚定地填写了"No"，拒绝了工资比当时国内多几十倍的优越生活，继续留在国内，贫寒又刻苦地从事教育工作。

永不放弃，也从不求回报。

三、历经磨难的求学路

1939 年初钱伟长经香港、河内到昆明，在西南联合大学讲授热力学。那一年，他考取了庚子赔款的留英公费生，因第二次世界大战突发，赴欧洲的船运中断，改派至加拿大。

1940 年 1 月，钱伟长等人从上海乘船前往加拿大，但在上船后他们发现护照上有日本签证，允许他们在横滨停船 3 天，还可以上岸游览参观。

熠熠星辉
——上海高校大师故事

"我们同学当时决定,在日本侵略军侵占了大半个祖国期间,不能接受敌国的签证,当即全体携行李下船登陆,宁可不留学也不能接受这种民族的屈辱。"钱伟长在回忆录中说到。

一直到 1940 年 8 月初,钱伟长等人第三次接到通知乘船去加拿大。他们在甲板上起誓:我是为国家而去留学的。在太平洋航行 28 天,又改乘 3 天火车后,钱伟长和同学一行抵达多伦多大学。

似乎老天要对钱伟长的民族气节做出嘉奖,他入校的第一天就发现他和导师辛吉在研究同一个课题,于是他们一拍即合,花了 50 天的时间,完成《弹性板壳的内禀理论》。

因为这篇论文,钱伟长蜚声美国,这篇论文和爱因斯坦等著名学者的文章共同发表在一本文集里,并得到爱因斯坦的赞誉。两年后,他转到美国加州理工学院冯·卡门教授主持的喷射推进研究所工作,并与冯合作发表《变扭

181

率的扭转》。冯·卡门曾说这是他一生中最为经典的弹性力学论文。

四、教育的领航人

1982年，邓小平同志在中共中央组织部关于同意钱伟长担任上海工业大学校长的请示报告上批示：他的任命不受年龄限制。

1983年1月16日，钱伟长到任上海工业大学校长，受到全校师生的热烈欢迎。

钱伟长就职后，于1983年1月21日和全校师生员工见面。他精神矍铄，冒着严寒，不辞辛劳，深入各系、基础部、分校、图书馆等处进行调研，了解第一手材料。钱校长在调研过程中，对各部门提出了很多重要的意见，要求继续解放思想，立志改革，努力开创上海工业大学工作的新局面。钱伟长说："听到学校教学稳定，科研有成果，看了学报，感到学校工作有成绩。当前知识发展很快，更新很快，学生要学会没有老师教也能获得知识的本事。不然知识就要老化，不能适应现代化水平迅速提高的趋势。学校的任务是培养德智体全面发展的未来干部、工程师，要让学生具有民族自尊心、民族责任感和强烈的事业心。每个人都是在历史长河中的接力员，要把革命的火把传下去，就要培养人才；要懂得悠久的中国历史和宝贵的文化遗产，工程技术人员不能不懂文化，不懂经济，不懂经济效益；学生的知识面要宽一些，胆子大一些；学校要以科学的态度努力改革。我们要爱护青年人，以自己的模范行动影响学生。把学生培养成有朝气、有正气、有责任感、有本领、为祖国'四化'服务的有用人才，我们的教育就成功了。"

钱伟长呼吁上海的地方大学联合办学，创造条件，建设一所理工结合、文理渗透的综合性大学。他认为，地方大学在为上海经济社会发展服务方面可以做得更好，可以不比那些部委重点大学做得差。但是，地方大学一定要联合起来，因为任何一所学校的力量都太弱。力量太弱的原因，主要不是建校历史短，而是每所学校的学科设置都过于单一，专业服务面太窄。因此，要把几个学校的力量联合起来，促成学校间的优势互补、资源共享。

1994年5月，上海工业大学与上海科技大学、原上海大学和上海科技高等专科学校合并组建成为新的上海大学，实现了几所高校之间的深度融合与学科互补，完成了一次伟大的教育改革。

钱伟长后来在接受央视采访时说，当时上海市市长汪道涵告诉他，他可不能辞职。这是终生教职。

钱伟长有个夙愿，就是要办一所像加州理工学院这样的大学，为此，钱伟长作出了很多贡献和改革。首先，他提出，办大学一定要"拆四堵墙"。他力荐学分制、选课制和短学期制，让上海大学的所有学生可以不受专业的限制选择自己喜欢的科目学习，培养学生做一个具有创新精神的人才。其次，钱伟长提出了人才培养的目标就是要培养"全面的人"。他曾说："一个国家、一个民族为什么要兴办教育？在我国，流行的说法仅仅是为了培养人才。我认为，教育的主要目的不单是培养人才，更重要的是提高全民族的文化素质。"他讲究科学与人文相结合的教育，他倡导校训："自强不息，先天下之忧而忧，后天下之乐而乐"。

自从来到上海，钱伟长一直是一名"义务"校长。他在乎的就是这个"校长"，但他在上海大学不拿工资，也没

图 14-5
钱伟长在上海大学工作照

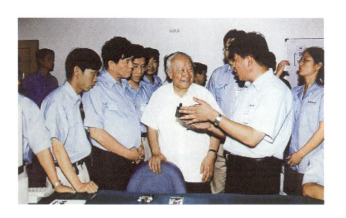

爱国爱校的楷模
——力学家钱伟长

有分得一平方米的房子。没事的时候，秘书会推着他出来晒晒太阳。看见学生，他会很开心。学生有合影的要求，他会微笑着配合。钱伟长最后的两年多时光几乎都是在医院的病房内度过的。精神略好，他就"吵着"要回学校。他也会用严谨的科学态度，要求医务工作者反复核对医学报告。偶尔，童心大起的他还会给陪伴在周围的医务人员起个外号。2010年7月30日晨，上海大学校长钱伟长院士于上海华东医院逝世，享年98岁。

师道感悟

他的科学分工做得很仔细，有什么工作他都做。

——钱学森（著名科学家）

图14-6
钱伟长晚年仍然坚持工作

熠熠星辉
　　——上海高校大师故事

钱老先生对力学贡献很大，他是力学奠基者之一，他对后辈非常关心，他对中国的教育事业都很关心，作为上海大学校长，很关心教育事业的发展。他很重视基础科学。

——谷超豪（著名数学家）

钱伟长老先生是一位非常优秀的教育者，虽然这么大年纪，但还一心为中国的高等教育探索。上海大学也是我国高等教育办学模式的一个典范。

——饶子和（著名学者）

在为人方面，他用谦逊的态度为后辈树立了非常良好的楷模。

——吴树青（著名学者）

从义理到物理，从固体到流体，顺逆交替，委屈不曲。荣辱数变，老而弥坚，这就是他人生的完美力学！无名无利无悔，有情有义有祖国。

——2010年感动中国颁奖词

（撰稿：刘亚囡）

中华医学的儒医

——中医学家裘沛然

大师生平：

裘沛然（1913—2010），全国首届"国医大师"、上海市名中医、上海中医药大学终身教授、上海文史馆馆员，现代中医药高等教育的先驱者之一，中国中医药高等教育"南方学派"的杰出代表。

主要贡献：

（1）精心育才、诲人不倦，躬耕杏林七十余载，主持编写和主编的著作达 40 余部，将自己的一生都奉献给了祖国中医药事业，培养了一大批优秀中医药人才。

（2）医德高尚、医术精湛，行医 70 余年，以善治疑难杂病著称，大胆使用大剂庞杂组方，用药精奇巧博，医人无数。

（3）始终关心中医药事业发展，晚年担任上海中医药大学专家委员会主任，为学校建设提出许多深思熟虑、高瞻远瞩的真知灼见。

（4）通晓文史哲，在 95 岁高龄时出版《人学散墨》，探索"治人心灵"的良方，反映了一代中医巨子至精至诚、至仁至善的大家风范，可谓当代中医学界的一座丰碑，被世人赞誉为一代"鸿儒大医"。

图 15-1
裴沛然像

熠 熠 星 辉
——上 海 高 校 大 师 故 事

古方可以治今病。但是要师其法,不泥其方。要学会变化,古为今用。

我从事医疗事业已75年,向以疗病为职。但逐渐发现,心灵疾病对人类的危害远甚于身体疾病。由此萌生了撰写《人学散墨》之念,希望为提高精神文明道德素养,促进经济发展,略尽绵薄之力。

学如测海深难积,理未穷源事可疑,诗到换年浑似梦,世犹多病愧称医。

——裘沛然

师者故事

裘沛然,国医大师、我国著名中医学家和中医教育家、上海中医药大学终身教授。他是一位医德高尚的好医

图15-2
2018年,大师剧《裘沛然》首演剧照

中华医学的儒医
——中医学家裘沛然

图 15-3
时任国家中医药管理局局长王
国强到上海为裴沛然授予"国
医大师"荣誉称号

者,医技精湛,广惠芸芸众生;他是一位好教授,师德严明,满腹才气,普洒莘莘学子;他是一位好学者,人德端方,博大情怀,遍布洋洋文字。他瘦弱身躯所焕发的全部生命热能,都奉献给了病人、学生,以及他所钟爱的中医药事业。裴沛然近百年的人生如同一座丰碑,记载着他从医、执教、治学、为人的卓越成就和高尚风范。

一、为学:学如测海深难识,理未穷源事可疑

裴沛然,原名裴维龙,1913 年出生于浙江省慈溪市,7 岁入私塾读书,11 岁就读于国学专修馆。他师从江南著名学者施叔范先生,除诵读经史百家外,还涉猎诗词歌赋,凭借勤奋与刻苦学习,打下坚实国学根基。

1931 年,他只身来到上海,求学于一代医擘丁甘仁先生创办的上海中医学院。在丁老的悉心指导下,凭借厚实的古文功底，以及博学强记，他用心钻研，认真刻苦，"晓窗千字，午夜一灯"，习以为常，基本掌握了中医四诊八纲、临床辨证施治的要领，熟读掌握中医重要著作主要内容。1934 年毕业后，他先后悬壶于宁波、上海等地。临诊之余，裘沛然勤研文史、医书，家中藏书数万卷。

裘沛然在中医学术上造诣深厚，对历代名家学术兼收并蓄，集大成于一体，成就斐然。他吸收历代各家理论精髓，深谙《灵》《素》仲景之学，开创新的理论空间。他倡导"伤寒温病一体论"，建立"经络学说是祖国医学的机体联系学说"。他曾系统研读古代医书《千金方》，熟读其中 6000 多古方，提出"法无常法、常法非法"精辟论点。他教育学生"古方可以治今病，但要师其法，不泥其方，学会变化，古为今用"，并总结提出"疑难病症治疗八法"。

数十年来，裘沛然徜徉于医学之林，辨识百家之长，探究其微言大义，视野开阔，颇多领悟。1958 年以来，裘沛然任《辞海》副主编兼中医学科主编，主持编写《中国医学百科全书》中医卷、《大百科全书》传统医学卷、《中医历代各家学说》《新编中国针灸学》等 30 余部著作，撰文 30 余篇。其中他担任副主编兼中医学科主编的《辞海》获首届国家图书奖荣誉奖，《辞海（彩图本）》获国家辞书特别奖；《中国医籍大辞典》获第五届国家辞书一等奖、教育部提名国家科学技术奖二等奖；《裘沛然选集》获中华中医药学会学术著作一等奖，取得了丰硕的成果。

潜心学术之余，裘沛然也关注中医药事业的发展。他于 1979 年任上海市政协委员，1983 年任常务委员，1988 年兼任市政协"医卫体委员会"副主任，其间提出了不少对振兴中医药事业和教育、卫生保健等问题的有益意见。1990 年，他在古稀之年仍与有关医药官员赴外省考察市、县中医医院的情况，对当时中医药界的总体状况感到"有喜亦有忧"。为此，他寝食不安、忧心忡忡，一边利用市级各种会议呼吁领导关心中医药事业的发展，一边积极提出改正措施，为政府献计献策。

科技发展日新月异的今天，中医路究竟怎么走？裘沛然经过长期研究和思考，提出了"中医特色、时代气息"八字方针，认为中医学必须在保持自身特色的前提下，努力撷取与之相关的科学新理论、新技术和新成果，为我所用，才能在挑战之中立于不败之地。这旗帜鲜明的八字方针在中医界激起了热烈的反响，得到了广泛的认同。

二、为师：老夫头白豪情在，要看东南后起才

1958 年，裘沛然任教于新中国第一批成立的高等中医药院校——上海中医学院（今上海中医药大学），成为新中国第一批中医教授，历任针灸、经络、内经、中医基础理论、各家学说教研室主任。

学院成立之初，无现成教材，裘沛然带领针灸教研室老师，编写各种教材应学术之急，并在短短 4 年中出版了《针灸学概要》《经络学说》《针灸学讲义》《刺灸法》《腧穴学》《针灸治疗学》6 种针灸书籍，推动了全国针灸学的发展，为人才培养创造了良好条件。裘沛然曾创造性地制定中医学"三基"训练科目，受到卫生部表彰，为中医药事业发展作出了杰出的贡献。他主持创制的针灸经络玻璃人模型与脉象模型分获国家工业二等奖、三等奖；撰写的《疑难病症中医治法研究》获中华中医药学会论文一等奖，被医界评为"源于实践而高于实践"的佳作。

"听裘老一席课，终身获益"——他的弟子对裘老的教学方法深为推崇。裘沛然总结的"阅读三部曲"和读书心得十分有效，比如"猛火煮，慢火温"读书法，是指在初学某一名著经典时，应下苦功夫熟读熟背、认真思考、不断钻研，然后对书中重要内容要反复思考、认真实践，领会其中道理。裘沛然的理论课不脱离实际，十分生动，比如教授针刺手法，他会临床亲自操作，训练学生；早年还多次带领学生下厂下乡，既提高学生感性认识，又帮助学生树立全心全意为人民服务的意识。他甚至在风雪交加之夜，奔走于泥泞道路到病人家中为危重病人治疗。身教重于言教，是裘沛然给学生留下的深刻印象。

"当前中医要念好'三自经'，即自尊、自信、自强。身为中医人，要有民族自尊心。"裘沛然认为，中医要创新，首先要对中医学有较深钻研和正确理解，才能取精用宏，有所前进，有所发现。中医药是中华民族文化的瑰宝，只有热爱中医药学才能学好中医药学；自信来自临床疗效，临床疗效是中医药学安身立命之本，因此应该在提高疗效上下功夫；要自强就要刻苦学习，勤于临床，勇于实践，不断提高，在继承中求发展，在吸收中求创新。

图 15-4
裴沛然名师工作室成员合影

　　1990年，中央卫生部、人事部、国家中医药管理局共同发文，旨在继承名老中医药专家学术经验，裴沛然成为全国首批导师之一，并确定上海中医药大学教授王庆其为其学术经验继承人。2005年，上海中医药大学成立裴沛然名师工作室，王庆其、李孝刚、杨翠兰、裴端常、邹纯朴、梁尚华、王少墨、裴世轲等成为工作室成员，系统学习、整理裴沛然的学术思想和临床经验。2006年国家科技部批准"裴沛然学术思想和临床经验研究"课题为"十五"攻关课题，2008年"裴沛然治疗喘咳病的临床经验运用研究"被确立为科技部"支撑计划"课题。

　　"焰读灵兰绛帐开，神州佳气拂兰台。老夫头白豪情在，要看东南后起才。"裴沛然始终关心中医药事业和学校各项事业的发展，一生大力弘扬中医药学，为培养优秀中医药人才，倾注了大量心血。他在晚年担任学校专家委

中华医学的儒医
——中医学家裴沛然

员会主任，为学校建设提出了许多深思熟虑、高瞻远瞩的真知灼见，即使在病中，也依旧惦记学校发展大计。他对中医药事业满腔热情，对中医药后学的培养用心良苦，对中医药事业后继者饱含着殷切期盼。

三、为医：清风傲骨施仁义，良医入世良相心

"辨证施治有常法常方，但病机千变万化，应知'法无常法、常法非法'。"裘沛然行医70余年，不仅医德高尚，而且医术精湛，以善治疑难杂病著称，大胆使用大剂庞杂组方，用药精奇巧博，医人无数。年逾九旬时，他还坚持在临床一线为患者解除病痛。

裘沛然注重"医道务于精"的理念，强调医生的天职就是解除患者的病痛，而提高临床疗效与医学造诣的关键

图 15-5
裘沛然为病人号脉

熠熠星辉
——上海高校大师故事

皆在一个"精"字。识病要精审,遣药须精灵。他在长期的临床实践中积累了丰富的经验,提出医生能应变于错综复杂的病症,关键是做到立方、遣药之精。

裴沛然学识广博、治学严谨、医术精湛、医德高尚,为世人所敬仰。他以大医情怀,心系汶川地震灾区,以95岁高龄身体力行、率先垂范,亲自组织专家义诊募捐善款48万余元,展现了当代中国知识分子的社会责任感。

裴沛然1991年被国务院批准享受突出贡献科技人员特殊津贴,1995年被评为首届"上海市名中医",2008年获上海卫生系统最高荣誉奖"上海市医学荣誉奖",2009年获中国政府部门首次评选表彰的"国医大师"称号。

四、为人:胸怀苍生笔不辍,为世散墨剑风楼

裴沛然诗、文、史、哲造诣深厚,对儒家思想有着透彻的理解和精辟的阐发,他认为强调治国必先培才,培才必先育心。在长期治病救人过程中,他深深感到"心灵疾病对人类的危害远胜于身体疾患",于是开始思索做人与健康之间的关系。

"已是人间经济热,乾坤正气要弘扬。"20世纪90年代初,对于当时社会上存在的诸多丑恶现象,裴沛然感到痛心疾首,既愤怒,又忧虑。于是,他萌生了撰书的想法,希望提高社会精神文明道德素养,不能"经济上去了,精神下来了"。裴沛然想要写一本书,呼吁大家"做一个合格的人"。于是,他拿起手中的纸和笔,开出一剂剂"治人心灵"的良方。

8年间,"人学"在他的脑海里无时不忘,请教专家,博览群书,灯下沉思,聚友商谈。为精益求精,他除了反复思考理论的逻辑,还对书的各个环节都提出了严格的要求,特别是书中引用的材料,除了可靠、真实之外,还要求务必打动人心。

2008年,这本萃取孔孟精粹、劝喻世人的《人学散墨》就此诞生。该书耗费数十年心血,历经8年精心准备,一经出版就获得了社会各界人士的赞誉。该书对社会道德和价值观建设建言献策,其文立意深邃,多具启示作用,更有警世意义,为后人留下了宝贵的精神财富。

裴沛然时刻关注大学教育和人才培养。2009年,他向复旦、交大等高校学子赠送《人学散墨》逾两万册。同年,裴沛然参与上海纪实频道"大师栏目"、上海东方卫视"国

图 15-6
2010 年 2 月 11 日，裘沛然最
后一次门诊

医大师裘沛然"人物访谈专题节目录制，与主持人对话中医药学与传统文化，还应邀出席"中医药发展与人类健康"国医大师暨专家研讨会，就振兴中医药事业建言献策。裘沛然常说："中医工作者要有民族自尊心，一定要牢牢掌握中医学的精髓，同时还要有海纳百川的襟怀。学习不只是为了充实，更重要的是为了超越。"他殚精竭虑，呕心沥血，一生都致力于书写中医药事业发展与振兴的辉煌篇章。

2010 年 5 月 3 日，裘沛然在上海逝世，享年 97 岁。"养生奥指莫贪生，生死夷然意自平；千古伟人尽黄土，死生小事不须惊。"他的诗句蕴含着他对生死的从容与淡定。他的一生心如明镜而不为物染，展现了中国优秀知识分子甘于清贫、淡泊名利的人格特质，体现了老一代中医学者至精至诚、至仁至善的大家风范。他德艺双馨、积仁洁行，不愧为一代鸿儒大医。

熠熠星辉
——上海高校大师故事

师道感悟

他临终前，最遗憾的一件事就是，还有一种病没能看好，那就是——世道人心。《人学散墨》再版时，裘老说："最开心的就是这本书出版了，而且还再版。"比起身体生病，裘老认为人的心灵生病对社会的伤害更大。他70多岁的时候，地位已经很高了，完全可以安享晚年，但他孜孜不倦地追求着，要写这么一本书挽救世道人心的书。我夸大一点说，觉得他就是活着的孔子。

——胡展奋（资深媒体人，《新民周刊》特稿部主任、主笔）

他对我的愿望，或者说他的遗愿，是让我弘扬中华的优秀传统文化，继承好中医，发展中医。他一直鼓励我要学好英语，争取有一天把中医带到国外去，更好地为全世界人民服务。

——裘世轲（上海中医药大学附属龙华医院中医内科医生、裘沛然之孙）

他行医70余年，救死扶伤，医德广被，医术高超，活人无数；他是上海中医药大学的终身教授，桃李满天下；他更是精研儒学、诗文史哲造诣颇深的一代大师。他经典古籍信手拈来，说古论今纵横捭阖，洋洋洒洒文字下跳动的是一颗火热的心。

——安安（上海教育电视台编导）

裘老的一大业余爱好是中国象棋。在裘老心中，身外之物，书籍之余，便是棋枰，象棋成了他平生喜好的"铁老二"。裘老运子思路敏捷，棋风犀利，尤长残局，善布陷阱。旁观先生下棋，兴趣盎然，若是像举重、拳击那样按照体重设置级别，象棋来个依据年龄段进行比赛，举办个"元老杯"，裘老在耄耋段拿个冠军，或许犹如囊中取物，手到擒来。

——段逸山（上海中医药大学终身教授）

裘沛然精通内科，善治疑难杂病。耄耋之年还坚守临床一线为病人治病救难，深

197

中华医学的儒医
——中医学家裘沛然

得病家的拥戴。先生强调要做一名合格的医生，应有扎实的中医学基础，要具备厚实的中国传统文化根底和有关的自然科学知识。中医学是文化与医学相结合的结晶，我们要学习、研究、弘扬中医学，必须结合对文化母体的审视和剖析，才能真正领会中医学理论的真谛。"用文化阐释医学、从医学理解文化"，他经常对我们说："医学是小道，文化是大道，大道通小道自然就容易通。"

——王庆其（上海中医药大学终身教授）

裘沛然先生对于传统文化的近乎狂热的热爱与推崇让我感受最深。每每谈到孔孟之道，裘老总是意气风发，眼睛也变得很亮，声音也不由高亢起来，从他身上透露着一种"大勇"，即虽然不一定被世人理解，但是他认准了的事情，就一定会去做，而且一定要做好！他晚年总结自己人生经验，以治疗世道人心为己任，一本《人学散墨》万古流芳，"高山仰止，景行行止"，他的抱负与境界不是寻常人能够理解的，但是他的精神将永远激励着我们前行。

——章原（上海中医药大学科技人文研究院副研究员）

回望裘老的一生，精彩绝伦！先生将毕生的心血奉献给了中医药事业。他治学严谨，医术精湛，医德高尚，深为世人所敬仰。先生近百年的人生，如同一座丰碑，记载着许许多多从医从教的卓著业绩；又如同一座灯塔，照亮了我们中医后辈前进的道路，引导着我们走向正确的路途。医学上，他造诣高深，救人无数，医泽广被。学术上，裘老精益求精，勤学不倦，诲人不厌，老而弥笃。品德上，他本着"以仁为本，以礼为节，以义为衡"的精神，教导青年学子传统文化的价值。我们要以裘老为榜样，继承先生遗志，完成他未竟的事业，为中医药的发展添砖加瓦！

——杜燕红（上海中医药大学附属曙光临床医学院学生）

（撰稿：邹雨婷）

高师教育的宗师

——教育家、心理学家廖世承

大师生平：

廖世承（1892—1970），我国现代著名教育家、心理学家。一生献身教育事业，代表作有《教育心理学》《教育测验与统计》等，为中国现代教育制度的建立和发展奋斗，享誉中外教育界。

主要贡献：

（1）1919—1926 年，廖世承学成回国，任南京高等师范学校（后改名国立东南大学，今中央大学）教授，并担任附中主任（即校长）。与陈鹤琴合编出版的《智力测验法》一书，是中国最早的智力测验专著。之后编写的《教育心理学》《中学教育》，成为中国最早的两本高等师范及中等师范学校教科书。在此期间，廖世承积极参与以改革学制和课程为主要内容的教育改革运动，力主在全国实行中小学"六三三制"（小学六年，初中三年，高中三年）。

（2）1927—1937 年，任光华大学（今华东师范大学，原址位于今延安西路）副校长兼附中主任。在光华 10 年，廖世承立足于附中，面向整个中等教育，对中等教育的历史、现状，作了比较全面系统的研究。

（3）1938 年，廖世承来到湖南省安化县蓝田镇创办国立师范学院。

（4）抗日战争胜利后回上海，先后任光华大学副校长兼附中主任、校长。1951 年，光华大学、大夏大学等高校合并成立华东师范大学，廖世承出任副校长。在中国共产党领导下，按照国家和人民的要求办学，以培养新时代的人民教师为己任，进行了卓有成效的工作，为中国教育事业作出了新的贡献。

（5）1956—1970 年，廖世承先后就任上海第一师范学院、上海师范学院院长。被选为第二、第三届全国人大代表和市人大代表，第三、第四届市政协常委，任民盟市委第一副主任委员、上海教育学会会长。

图 16-1
廖世承像

熠 熠 星 辉
——上海高校大师故事

同学们，报名参军的同胞青年已然有很多，我们国家的心灵之火，思想之火和文脉薪火，不能中断在我们这一代人的手里。为什么我们处处不如日本？就是因为我们没有和世界对话，没有跟得上当今世界的发展，我们的教育不发达，我们的科学落后，甚至我们的国人被称作"东亚病夫"，而你们，是知识的承继者，是中华文化的承继者，是国人心智的启蒙者，有更重要的事情要做。

这中学教育是整个教育最基础、最活跃、最生动的一个阶段，如果这一阶段搞好了，对后面的教育，对人的成长都打好了基础。今天的青少年就是未来的希望！他们素质如何，是忍辱负重，殚精竭虑，积极建设，还是为个人名利地位，关系到国家的兴衰，社会的进退，民族的隆替。

图 16-2
大师剧《师说》首演现场

高师教育的宗师
——教育家、心理学家廖世承

天下兴亡，匹夫怎能无责？我等一介书生、清贫教师，为人师表，承继中华道统，苦学西方强技，秉承中体西用之信念，于山河破碎之间践行先贤之师道训导，倾心培育子弟，强悍中华精神薪火，以致永恒！

你们如此年轻，是民族的希望。你们有时间，有力量，有燃烧的信念。如今，国家内忧外患，百废待兴，希望寄托在你们身上。

——廖世承

师者故事

廖世承（1892—1970），字茂如，上海市嘉定人，中国民主同盟盟员，历任第二民盟、第三届中央委员，上海市第二届市委委员，第四、第五、第六届市委副主任委员；第一、第二届上海市人大代表，第二、第三届全国人大代表；上海市第一届政协委员，第二、第三届政协常务委员。廖世承1919年毕业于美国布朗大学，1921年获博士学位。回国后曾任南京国立高等师范学校、国立东南大学教授兼附中主任，上海光华大学教授、副校长、代理校长及附中主任，南京中央大学教授、教育社会学系主任，湖南蓝田国立师范学院院长。中华人民共和国成立后，廖世承历任上海光华大学校长，华东师范大学副校长，上海师范大学前身上海第一师范学院、上海师范学院院长、教授。

廖世承从20世纪20年代起，孜孜不倦地从事教育学、心理学的教学和实验，坚持改革探索，力主革新教育制度和体制，创立和发展我国教育心理学科，办出了中国一流水平的中等学校和高等师范学院。其代表作有《教育心理学》《教育测验与统计》等。廖世承是中国现代著名教育家、心理学家。他的一生，是献身教育的一生，是为中国现代教育制度的建立和发展奋斗的一生，享誉中外教育界。

一、五十载潜心教育——业绩辉煌

廖世承出身于书香门第。他自称幼年天分并不高，但记忆力极强。3岁时，《荡寇志》上的图像，可以一一叫出名字，坐椅靠背上的小字都能认识。6岁那年进了私塾，八九岁时《四书》《五经》已经读了一半，并开始读《礼记》。因为觉得读书不费力，就顽皮不用功。对他的求学勉励最多的是他的姐姐廖骊珠，而在圣约翰大学教书的父亲则经常用历史事实和富有趣味的故事给他以启迪。

廖世承 12 岁时进家乡的中城高等学堂读书，次年转到县立高小毕业班，15 岁毕业。1908 年考入邮传部高等实业学堂（即南洋公学，今交通大学）中院（即中学部）。进校不到一个月，适逢国文会试。参加会试的大、中院学生有五六百人，廖世承一个中学一年级的新生参加，其会试成绩居然在前 40 名内，还得到奖金。这次国文会试对少年廖世承是个极大鼓舞，坚定了他的进取信心，读书的倾向也发生了明显变化，由爱读武侠小说变为爱看学术书籍。在所爱读的学术书籍中，使他获益最多的是黄宗羲的《明儒学案》等著作。黄宗羲的"为天下之大害者，君而已矣"的论断，对他的思想影响极大。同时，廖世承对激进资产阶级革命派的报纸《民立报》《民吁报》产生了浓厚兴趣，特别爱读渔父（宋教仁的笔名）的文章。这些报纸和书籍，扩大了他的社会视野，看清清王朝统治的腐败，使他对君主体制感到不满。这时，廖世承的思想发生了新的转折，不再囿于父母的期望，而是关心国家的命运前程。

辛亥革命胜利，民国肇造。南洋公学中院学制由五年改为四年，廖世承提前毕业。1912 年北京清华学校（今清华大学）到上海招生，作为留美预备学校，录取者均有出洋深造之望。为此，他与同班"知友数人，在校外借一住所，闭户苦读"，及清华揭晓，"吾班取了八人，上级竟无一人录取"。被清华录取后，在清华就读 3 年。廖世承回忆："期间学生曾发行一种刊物，名曰《课余谈》，我曾一度为该刊中文的总编辑。"在清华毕业后，他准备出国攻读教育学和心理学，决心献身教育事业。

1915 年，廖世承和同学诸人一起赴美留学，插入布朗大学二年级学习。可是一年级的几种科目是一定要补习的。最使他担心的是一年级的英文，每星期要作四篇短文，每月要作两篇长文，并且限定了交卷的日期时刻，倘使迟一分钟投入，就不收受。留学该校的中国留学生，重读一次、重读两次都不奇怪，美国学生每学期也总有十之三四不及格。当时，廖世承写的一篇短文，曾被教授在课堂上作为范文诵读。到学期终了，那门功课不单是及格，还得了 B 的等第。廖世承知道双亲盼他早日做事，以缓解家庭生活的困难，所以他每学期多读几个学分。可是布朗大学对于学分的限制很严，非上一

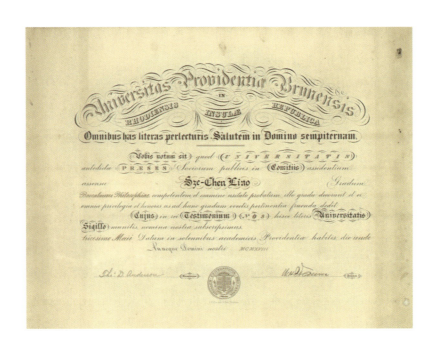

图16-3
廖世承获得的美国布朗大学博士学位证书

学期成绩优异者，不许多读。廖世承由于成绩异常突出，在4年内读毕了6年的学程。

廖世承在布朗大学读书3年，同时得到学士和硕士两个学位。第4年，廖世承一方面读博士研究生规定学分，一方面东奔西走，在各地接洽测验，收集论文资料，同时准备博士考试（含口试、笔试及德、法文考试）。廖世承本可以从容再留一年，然后转至欧洲读书，但在其父来信催促下，"决计博士考试及格后，朴被回国，论文在国内写就后寄去"。所以他的博士文凭，是回国两年后才得到的。

1919年，廖世承学成回国，任南京高等师范学校教授，并担任附中主任。"有人说我在南京东大8年的历史，为余生平一页光荣史。迄时东大附中几执全国中等学校

熠熠星辉
——上海高校大师故事

的牛耳，报考人数，为全国称首。"当时，年轻有为的廖世承，不仅井然有序地处理校务，而且仍坚持一面教学一面研究，在 8 年中几乎每年写书一册。1924 年出版了《教育心理学》《中学教育》等专著，这是我国最早的两本高师教科书。

1920 年，我国最早的心理实验室分别在北京高师与南京高师建立。廖世承参与南京高师心理实验室的创建工作，并在我国首先用智力测验法测验投考的学生和在校学生。1921 年，他与陈鹤琴在测验基础上合编出版了《智力测验法》一书，这是我国最早的智力测验著作。1925 年，在实验基础上，他与陈鹤琴又合编出版了《测验概要》，该书"详述无遗"，被公认为"测验最简便的用书"。

廖世承在国立南京东大任教时，还积极参与以改革学制和课程为主要内容的教育改革工作。他对在全国实行新学制，即"六三三"制，积极宣传，身体力行，成为"六三三"学制的积极倡导者和实行者。

20 世纪 20 年代，国内各种教育主张和改革方案竞相兴起。面对各种主张，廖世承不人云亦云，而是重视教育实验。他主张对新学说、新主张先搞实验，"实验有效，然后再谋推行"，认为"从事教育的人，当注意实地研究，不应作趋时论调"。这是他一以贯之的治学、治校原则。

1927 年春，廖世承离开国立南京东大，到上海新创办的光华大学任副校长兼教育系主任和附中主任。他初进光华时，接到南北各地来函来电，有人邀他担任中华教育文化基金会秘书长，还有人请他担任中央大学教育处处长，上海市工部局则以华人教育处处长一席相邀。对这些邀请，廖世承均辞谢未往，而甘受清贫，与光华师生共担初创的艰辛。

1929 年，他离开光华大学，赴南京就任中央大学教授、教育社会学系主任。1931 年 8 月，再次被光华大学聘任为副校长、教授、教育系主任兼附中主任。同时，他为了集中精力办好附中，力辞副校长兼职。廖世承在光华 10 余年，立足于光华附中，面向全国中等教育，对中等教育的历史、现状和教育理论，作了比较全面系统的研究，开展了一系列教育实验，形成了独特的、个性化的学校管理风格，成为我国著名的中等教育专家。

1938 年，国民政府教育部为落实抗战救国国策，加速培养中学师资，筹建独立的师范学院。由教育部高等教育司推荐，聘请廖世承为筹委会主任，廖世承欣然赴任。1938 年 11 月，国立师范学院正式成立，廖世承任院长。国立师院设在交通不便、几乎与外界隔绝的湖南安化县蓝田镇。在筹备过程中，廖世承从择院址到草拟国立师院组织大纲，从主持师院考生口试到聘请各科教员，从草拟学院开办经费预算书到采购仪器设备和图书资料，从组织人员兴建校舍到沟通上下左右关系，从主持院务到向教育部报告，事必躬亲，并依靠当地力量，带领大家艰苦创业，在"重冈复岭"之地办起了一所国立师范学院。在任职期间，尽管长沙经历几次战役，常德被围，形势紧迫，但该院始终弦歌不辍。至 1943 年，各项建筑如办公楼、图书馆、大礼堂、学生宿舍、教学楼、浴室、运动场、发电厂、游泳池及教职工新村先后建成。但 1944 年春，长沙、衡阳相继沦陷，学院由蓝田西迁溆浦，在当地各机关团体的协助下，继续开学上课。廖世承团结大家，在努力改善生活条件和教学设施的同时，还不遗余力地邀集当时全国知名的专家、教授任教，钱基博、钱钟书、孟宪承、郭一岑、朱有光、高觉敷、汪伯明、马宗霍、黄子道、宗子威以及王樾、刘佛年、陈一百等，都曾在该校担任教职。由于廖世承领导有方，该校在全国历届高校学生学业竞试及毕业论文竞试中，成绩优异，成为抗日战争期间一所极有影响的高等学校。

抗日战争胜利，廖世承于 1947 年由湖南回上海，受聘于刚复校的光华大学，任光华大学副校长兼附中主任；1948 年 12 月任光华大学代理校长；中华人民共和国成立后，任光华大学校长，直至 1951 年 7 月。这段时间正值新旧社会制度更替之际，廖世承选择了坚定地跟共产党走的道路，使光华大学获得新生。他要求光华大学全体师生员工"为建设新光华、新中国而努力"。他在《建设新光华》（光华大学 25 周年纪念特刊）一文中号召："我们有一条大路，就是努力改造自己。改造的重点，在课程内容和教学方法，以及建立良好的民主秩序。最主要的，还须加强师生的政治教育，改造思想。"廖世承以自己的实际行动为政府主导光华改革打下了良好的基础。1951 年夏，全国高等院校进行院、系调整，光华、大夏等院校并入新成立的华东师范大学，廖世承任华东师大第二副校长。

　　1956 年，廖世承调任新建立的上海第一师范学院院长；1958 年 8 月，担任由上海第一、第二两所师范学院合并成立的上海师范学院首任院长，直至逝世。

　　在中华民国时期，廖世承辗转办学，饱经风霜数十载。中华人民共和国建立后，他在政治上思想上获得了新生，明确了前进的方向。他在中国共产党领导下，按照国家和人民的要求办学，以培养新时代的人民教师为己任，进行了卓有成效的工作，为新时代中国教育事业作出了新的贡献。廖世承得到党和人民的高度信任和尊敬，曾被选为第二、第三届全国和上海市人大代表，第三、第四届上海市政协常委，中国民主同盟中央委员兼上海市委员会副主任委员。

高师教育的宗师
——教育家、心理学家廖世承

二、新教育思想和方法　开拓传播

19世纪中叶到20世纪中叶，在长达百年的岁月里，中华大地上进行着侵略与反侵略、革命与复辟、变革与守旧的激烈斗争，在文化教育领域则进行着科学与愚昧、西学与中学、学校与科举的尖锐较量，较量的结果是西学取代中学，学校取代科举。然而，由于社会生产的扩大和自然科学的发展，学校课程日益增多，学生学习负担过重，学生体质下降，于是教育变革问题，又成为社会变革的迫切任务。在国际上，一些教育学者利用实验、统计及比较方法研究儿童身心发展和教育问题，遂出现了实验教育学，使教育学的研究最终从哲学的母体和思辨中解放出来，这无疑是教育科学的重大进步。

教育实验发端于德国，盛行于美国。廖世承去美国留学前后，正是以美国杜威为首的实验主义（或称实用主义）教育取代以德国赫尔巴特为首的传统教育时期。以书本为中心、以课堂为中心和以教师为中心（简称"三中心"）的传统教育理念遭到猛烈批判。廖世承顺应教育发展的历史潮流，积极地吸收先进的教育思想。他学成归国后，肩负起了教育上除旧布新的使命，使自己成长为中国现代教育史上一名新教育思想和方法的开拓者、传播者。

他开创了中国的现代教育测验方法。

五四运动前后，李大钊、陈独秀、鲁迅等中国新文化运动的先驱者都猛烈抨击传统教育，倡导教育变革。饱学新教育思想的廖世承正是在这历史背景下，于1919年来到南京高等师范学校任职。廖世承一到南京高师即为教育制度的变革大声疾呼、身体力行。他与舒新城等人一起，用智力测验法测试学生的实验，开创了我国教育实验工作的先河。

1921年，他与陈鹤琴合作编著和出版的《智力测验法》一书，作为我国最早的智力测验著作，具有开创中国心理测验的意义。为了推进测验事业和完善测验标准，在廖世承主持下，国立东南大学附中与中国中等教育协进社合作，编制了初、高中用的各种测验，并组织学生以东大附中为基地，到江、浙、沪、粤、津、鲁等地10多个城市的学校，按编制的测验方案进行试测，及时将测验情况写成报告，如《读法测验》《常识测验》《智力测验报告》《国文测验》《英文测验》《五项测验》等，分别在《教育汇刊》《中等教育》《教育杂志》等刊物上发表。

1925年廖世承与陈鹤琴编著的《测验概要》一书，是教育测验的实践总结和提高，其中编制的教育测验方案更趋于完善和规范，运用起来更加简便而实用，不仅可用于个人，还可用于团体，同时对四五十名学生进行测验；不仅可用于文化学科，还可用于道德意识、时事政治。这是测验科学的新创造，对推广教育测验和心理测验起了很大作用，因而被国内外学者誉为"廖氏的团体测验"。美国测验专家麦柯尔认为，当时中国心理学家编制的各种测验，至少都与美国水平相当，有许多竟比美国更优。由于廖世承等学者的积极提倡和推行，我国的测验事业遂日益发达。廖世承以他的创造性科学成就，成为20世纪20年代我国教育测验和心理测验的主要代表。

他积极倡导"六三三"新学制。

我国古代从启蒙教育到参加科举考试，基本上采取私塾型的办学模式，并无定型的学制。1862年，清政府设立京师同文馆，方始出现近代的学校。1905年，清政府废止科举制度，各地纷纷开办新式学校，但是学制相当混乱。学制的沿革，大致是先模仿日本，再受德国影响，最后，接受美国的"六三三"学制。

学制是整个教育体系中的纲领，它规定着学校组织编制、课程设置和其他管理制度。廖世承到国立南京东大任教后，积极参与新学制改革。他把实施新学制与编制课程紧紧连在一起，并在新学制颁布之前，以国立东南大学附中为基地，搞"六三三"学制实验。廖世承认为这种学制所定标准符合中国实际，也适合世界教育发展趋势，有利于社会进步和促进平民教育的发展。廖世承坚决主张采用"六三三"学制，所论与当时"全国教育会联合会第七届会议"之旨意不谋而合。1922年教育部颁布的《学校系统改革案》中的新学制方案——小学六年，初中三年，高中三年，简称"六三三"学制——则为廖世承所起草。后来，他通过在东大附中的实践和对国外学制的研究，又去济南、武汉等地调查，全面分析了对新学制赞成与反对的意见，认为"六三三"学制既顺应时代潮流，也符合青少年个性发展，利多弊少，而并非对美国学制的盲目照搬。他坚决主张中学以"三三制"为原则，采用选科制和分科制，充分体现普通教育和职业教育互相渗透的精神。他在东大附中认真加以实施，取得成功经验，从而有力地推动了我国的

高师教育的宗师
——教育家、心理学家廖世承

学制改革和课程改革。

廖世承在东大附中时期，面对各种教育主张和改革方案，脚踏实地地实验，在实验中得出结论。一个突出的例子，就是对美国道尔顿制的引进。道尔顿制是柏克赫斯特于1920年在美国创立的道尔顿实验制的简称，是一种自学辅导的教育组织形式。学生们主要以自学为主，教师不再是讲授者而是辅导者。道尔顿制被介绍到中国后，因它可以避免班级授课难以因材施教的弱点，曾风靡各地，大有替代传统班级授课形式之势。对此，廖世承非常冷静地坚持实验。他在东大附中进行了试点，并在此基础上进行总结，先后发表了《东大附中实验道尔顿制概况》《东大附中道尔顿制实验报告》《中学实验道尔顿制的批评》等文章，全面分析并检验道尔顿制的长短优劣，得出的结论是：道尔顿制不宜在中国推行。这一事例显示了一位教育家实事求是、不人云亦云的科学态度。

与此同时，廖世承还就如何施行新学制、办好中学校，进行了较全面的实验和研究，提出了许多重要的主张。例如，如何编制新学制课程、怎样搞好学校管理、中学生生理心理的变化和个性差异、教学怎样才能适应学生的能力和兴趣、科学的考试方法和计分法的实行等，他都做过实验和研究。在当时，他的这些研究对于中国新学制的实施都有指导性的意义。

在确定新学制后，需要解决的是适应新学制的课程改革和教材建设问题。廖世承认为，课程是民族经验的反映。一个时代的课程，代表一个时代的需要；时代有发展，民族经验有变迁，课程和教材也应随之发展、变迁。然而，自清末光绪年间起，我国的课程设置和教材，或大多抄自外国，或固守封建传统，于我们的国情实况、现实生活，极少联系；于学生的智力、能力、兴趣及个性发展，极少考虑；于学科的理论系统性与实际应用性，极少顾及。这样的课程设置和教材，难以适应"六三三"新学制的要求，更不适应时代和学生的要求。

廖世承主张从社会调查入手，研究社会职业的分类、规模、规格，研究社会生活对知识、技能的需要，研究社会经济和科学文化发展对人才培养的要求，充分认识课程是活的，社会、个人的需要也不会一成不变。廖世承认为，应采用科学方法，确定课程设置及目标,编辑选择各科教材,进行广泛试验,这是最恰当的办法。他在 1922 年前后对国内具有代表性的学校,如广州执信学校、国立东南大学、国立东大附中、江苏一中、吴淞中国公学中学部、山东一中、天津南开中学等校所设置的课程进行了系统研究。在系统研究后,他写了《关于新学制草案中学教育课程之研究》《本校编制新学制课程的经过情况》《关于新学制一个紧急的通知》等文章,提出了较为系统的主张,从理论上和实践上回答了人们的种种疑问,推进了学制改革和实施新学制的课程教材建设。

他倡导和实践全面发展、因材施教的教育思想。

廖世承秉承了古希腊亚里士多德关于人的和谐发展,以及梁启超、王国维等先贤们的全面发展教育思想,并作了深入浅出、具有时代特征的阐发,使德、智、体全面发展成为其办学校和育人才的教育主导思想。廖世承在《中学生指南》一文中强调:"青年是人生最重要最宝贵的时期。不论德育、智育、体育都应在这个时间树立基础。"他还认为,德、智、体三育之间应互相沟通、互相关联、互相渗透、互相促进,彼此相辅相成。

廖世承十分重视品德教育。他在《职业指导与中学校》一文中,严厉地批评了当时学校教育"偏重学业,忽略品性"的偏向,指出:"实则品性较知识更为重要,有了知识,没有品性,非徒无益于社会,并且造成种种罪恶。"他在 1935 年给光华附中毕业班的赠言中指出:"人生最宝贵的是纯洁无瑕的人格。"廖世承品德教育的主要内容,包括高尚的理想、美好的情感、纯真的节操、良好的习惯、勇敢的精神等,而最重要的是树立"为大多数人增幸福"的人生观。他认为人生观是一个人的"中心信仰"。

廖世承主张智育要注重基本知识学习,他在《新学制与中学教育》一文中写道:"盖基本知识最为重要。如基本知识缺乏,将来求职业,习师范,升大学,均不能有高深的造诣为社会谋幸福。"同时,他又强调真正的知识不是单纯的书本知识,而是"活的知识"。他在《毕业会考究有什么价值》一文中指出:"所谓活的知识,须能应用于实际问题,须能适应于个人的需要。"从这个观点出发,他主张"应使青年多操作,多用手,多用脑"。同样道理,他反对"以分数为知识的代表"。他认为"分数主义"将会使学生得不到真正有用的知识，不能成为有用的人，也就违背了智育的目的。

廖世承一贯重视体育教育。他曾提出"体育第一，德育第二，智育第三"的口号，将体育放在教育的第一位，当然并非视体育高于德育、智育，而是从健康的体魄是道德和知识的载体出发，强调其重要性。

同时，廖世承作为教育家和心理学家，十分重视学生的个体差异，特别强调因材施教。他认为，无论是心理测验还是全面发展教育，都不能忽视人的个性。办学的人千万不能用一个呆板的模型，束缚能力不同、志趣不同的青年，而应因材施教，造就不同的人才。

廖世承非常重视学生课外活动。他所办的学校都大力提倡、精心组织各类课外活动，为学生的个性发展创造条件。如举办各种辩论会，出周刊、半月刊，组织各种研究会，开展各种娱乐活动。华东师大谭惟翰教授回忆说："廖老师平时极为重视学生的思想美、行为美、语言美。为了有意识地培养学生美的素质和审美能力，重视学生全面发展，他经常举行作文比赛、书法比赛、美术比赛、朗诵比赛、话剧比赛，以及各种体育竞赛。他还鼓励和支持学生成立美术研究会、摄影研究会，定期举行作品展览。所以，在他所办的学校里，学生总是生活在既紧张又活泼的环境中，学得专心，练得起劲，玩得高兴，学生得以全面发展，健康成长。"

廖世承创设了我国教育心理学新课程。

廖世承回国后在南京高师任职，首先主讲教育心理学课程，开创了中国该课程教学的先河。在主讲了4年多的实践基础上，他于1924年在上海中华书局出版了《教育心理学》《教育心理学大意》（译本）等著作，其中《教育心理学》一书，是我国最早的高师教育心理学教科书。

廖世承以他的理论探索和教育实践，勇敢地开拓和传播着中国现代新教育思想和新教育方法。

三、高师教育研究和实践　建树丰碑

中国现代教育的发展是与师范教育的发端同步的。1896年，年仅23岁的梁启超撰写《论师范》一文，发出创办师范教育的呼声。1902年《钦定京师大学堂章程》规定

熠熠星辉
　　——上海高校大师故事

京师大学堂（今北京大学）设师范馆，1908 年师范馆成为独立的北京师范大学。作为教育改革家的廖世承，同其前辈一样十分重视师范教育。他一生与高师结下不解之缘：1919 年，他从美国读毕博士课程回国，即受聘任南京国立高等师范学校教授；1938 年，日本帝国主义侵略魔爪伸到上海，他赴湖南蓝田筹办国立师范学院，并任该院院长；1951 年他任华东师范大学副校长；1956 年他任上海第一师范学院院长；1958 年他任上海师范学院首任院长，直到生命终止。

廖世承认为，教育工作是国家建设、社会进步的基础工作，师范教育则是基础工作的基础。"教育方面最重要的，当然是师范教育。没有良好的师资，各级教育都不可能上轨道。"正是从"教育是立国之本"的高度，廖世承倡导师范教育，深入研究师范教育，撰写了《师范教育与抗战建国》《师范学院的使命》《抗战十年来中国的师范教育》等专论，为我国师范教育发展作出了独特的理论贡献。

廖世承认为，高师的核心问题是优质师范生的教育和训练。为此，他提出了至今依然颇有价值的"六大训练"。

"意志训练"。廖世承认为意志的训练，胜于体格的锻炼。锻炼意志，首先要树立坚强的信念，信念愈坚定，意志愈坚强；其次要克服"怕"字当头，"怕"是人生大敌，怕困难，怕失败，事业就不会成功。

"人格训练"。廖世承非常看重师范生在人格方面的健康发展。他认为师范教育必须"砥砺高尚的人格"。他说："要知人格健全，不单是国家社会蒙其益，个人也有无穷的乐趣，人生最宝贵的是纯洁无瑕的人格。"师范院校是培养教师的摇篮，对师范生人格的训练自然是头等重要的事情。为此他认为，要树立以国家民族利益为重的高风亮节；要有正确、崇高的理想；要养成良好的劳动观念和工作作风；要走向社会，激发亲民精神。

"能力训练"。廖世承认为，师范生要胜任将来的教师工作，除了要掌握专门学科知识和教学方法外，还要养成实际的工作能力。所谓能力训练，一要修习实用的知能；二要加强生活能力的教育。教师"对于青年之一言一行，起居食息，随时纠正，随地诱掖；青年之气质，自能变化于无形"。

"团体生活训练"。廖世承认为，现时学生对于团体生活的训练太不注重，对教师没有相当的礼貌，对同学没有亲爱的精神，对公众事业没有服从多数的观念，对人群集合没有遵守纪律的习惯。为使学生在社会交往过程中，保持个人与群体及其他成员之间和谐、良好的关系，必须加强团体生活训练。廖世承所强调的团体生活训练也就是今天我们十分重视的团结、友爱、互助、协作的团队精神。

"艺术训练"。廖世承认为，师范生必须"陶养良好的才艺"。音乐、绘画、作诗、下棋等艺术审美活动，不仅可以"调剂身心，而且能够陶冶性情，增强人生的意义和乐趣"，"使生活调畅，情趣盎然"，"而培养良好的才艺，应先从师范学校入手。师范生艺术修养提高，广大青少年才有好的训练，全社会才有良好的风气"。

图 16-5
廖世承院长（左前二）和党委书记陈云涛（左前三）一起检阅学生军训队列

熠熠星辉
——上海高校大师故事

"体育训练"。廖世承非常重视体育训练，他曾从"身体是道德和知识的载体"这个意义出发，提出"体育第一，德育第二，智育第三"的口号，强调师范教育中体育的重要性。他指出："体育实为德智二育之基础，健全的精神，寓于健全的身体之中，有了身心健全的教师，而后有身心健康之儿童，青年应先有健全的身体，而后有活泼的精神，而后能持久地探讨高深的学问。坚韧、服从、忠勇、牺牲、决断、合作、互助等美德，均可以从体育中培养出来。"

　　廖世承有关师范生的六大训练与他德、智、体全面发展的教育观是一脉相承的，是他的人才培养教育思想在师范生培养实践中的具体化。

　　此外，廖世承也十分主张独立开设高等师范院校。中华人民共和国建立之后，看到全国各地一所又一所的独立设置的师范学院如雨后春笋般开办出来，作为当年湖南蓝田国立师范学院的创办人，他兴奋异常，因为这是他长期以来热切期盼的事。1956年他调离华东师大，出任上海第一师范学院院长，1958年又任上海师范学院首任院长。作为行政的第一负责人，他表现出更高的工作热情，积极发挥自己的作用，贡献自己的智慧和经验，积极参与社会主义高等师范教育的实践。他在工作中坚决拥护中国共产党的领导，努力贯彻国家的教育方针和政策。他与党委书记陈云涛互相信任、亲密合作的事迹，曾在全市的高校校长、书记大会上做过介绍，既受上级领导和高教界同行赞扬，也为全院师生所称颂。

　　廖世承十分重视学生的专业思想教育。他常用自己选择教师职业、终身服务于教育岗位的认识来教育师生热爱教育工作。每学期的开学典礼和迎新大会，廖院长总要作报告，语重心长地鼓励大家"今天做优秀的师范生，明天当合格的人民教师"。针对当时社会上对学师范当教师存在的一些模糊认识，他还专门在《文汇报》上以《做光荣的新时代的人民教师》为题发表文章，论述教师工作的重要价值和深远意义。他说："培养青少年的工作是人生最有兴趣、最有价值的一项工作，因而自己始终没有动摇过，也没有后悔过……在新社会中，我对于教育的信念更坚定了，深切体会到教育是改造旧社会、建设新社会的有力工具。教育的好坏，关系到整个社会主义建设。所以教师工作的影响非常深远、崇高而伟大。"

高师教育的宗师
——教育家、心理学家廖世承

廖世承一贯主张学校工作应以教学为中心，并特别重视"三基"即基础理论、基础知识和基本技能的教学和训练，注重培养学生的独立思考和独立工作的能力。他主持院务委员会会议，多次研究加强"三基"的具体措施，严把课程设置、教学大纲、教材选编、课时计划等各个环节。他认为，提高教学质量，一方面取决于师资质量，另一方面则取决于学生自己的努力，而要培养学生的自学能力，关键还在于教师。因此，廖世承始终重视抓好教师的工作。

1958年冬，在"大跃进""拔白旗"等"左"的思想影响下，上海师院曾发生把基础知识相对扎实、教学经验比较丰富的老教师轰下讲台，让一批刚走出大学校门的青年教师当主讲的事。院长廖世承却敢于顶着压力，向这种"左"的思想和过激的做法泼凉水。在一次部分教师讨论"教育革命"问题的座谈会上，廖世承说："青年教师上讲台，应当支持、鼓励。但是我以为大学刚毕业的，要有一年随堂听课，一年自己进修（主要是写讲稿），一年试教（要由有经验的教师指导），经过三年准备，再正式走上讲台，就比较有把握了，我也比较放心了。"廖世承的坚持，抑制了"左"的做法的蔓延，使重视课堂教学、重视"三基"教学作为上海师院的优良传统得以保持下来。

廖世承一生多数时间在进行高师的研究和实践，他的高师教育理念及其师范生培养目标的观点是值得我们结合新时代的实际，来学习、传承和弘扬的。

四、爱国爱校爱生 为人师表

廖世承致力于教育事业50年，业绩辉煌，蜚声国内外。这与他热爱祖国、热爱教育、热爱学校、热爱师生、严于律己、为人师表的高尚品德是分不开的。

他的爱国亲民立场一贯鲜明。

廖世承热爱自己的国家和民族，对帝国列强的侵略及反动政府的腐败深恶痛绝。他一心寻求民族自救自立的道路，支持各种爱国行动。1925年五卅惨案发生时，上海圣约翰大学师生抗议帝国主义屠杀中国人民，悬半旗追悼。该校美籍校长横加干涉，强行拉下中国国旗。爱国师生激于义愤，群起脱离该校，另建新校，命名为"光华大学"。廖世承对爱国师生的这种义举深为钦敬。所以，1927年他离开国立南京东大到上海时，谢绝了各种条件优越的聘请，而选择了建校伊始、条件困难、创业艰辛的光华大学，受聘就任该校副校长兼教育系主任、附中主任。他的信念是"中国人要办好自己的学校——光我中华"。

1931年，日本帝国主义发动九一八事变，侵占我国东三省，进而攻打上海。廖世承运用这些事件，向光华全体学生发表了多次讲话，强烈谴责日本帝国主义的侵略行径，并要求同学们面对这样的形势，决定自己准备做一个什么样的人。他在1933年新学期开学第一天向全体学生发表演讲，一开头就说："诸位都知道今天是什么日子。日本已正式承认伪满洲国了，今天是我国历史上最惨痛最不应该忘的一天。"又说，"诸位也知道淞沪事变发生以后，我们不能在原校开学，搬在愚园路上课。今天是第一天，大中学校同学迁回原校集合……然而闸北的弹痕宛在，焦土亦然，不知当时有若干忠勇抗敌的将士，安居乐业的人民，与我们长辞了！""在困难这样严重，疮痍尚没复原，经济如此衰落时期，诸位到光华原校来，开始战后第一学期的工作，不知诸位心头的滋味怎样？诸位这一次来，抱什么决心？对于前途有什么打算？"他要求青年学生，尽管各人志趣不同，能力不同，主张当然不能一致，但要树立为大多数人民增加幸福这一中心信仰。

他的亲民精神，由下面两段话可以说明。他在1929年《中国职业教育问题》一书中写道："中国以农立国，对于农村教育，明知其重要，但往往都向城市中讨生活，很少躬亲陇亩，伏处乡村与农民子弟为伍，认定农村教育为终身职业的。惟其服务农村的寥若晨星，所以中国办学数十年，而农村教育依然不很发达，这是十分可惜的。"1938年他受命创办国立师院时，不顾妻子、儿女在上海沦陷区的安危，只身赴湘西偏僻的山区办学，决心为国家、民族培养人才。他在《师范教育与抗战建国》一文中写道："住在都市里的人们时常喊'深入民间'，他们到这样的伙铺*上'深入'一下，才能了解民间的生活。在后方跑，最使我感觉不安的，就是知识阶级与民众的生活隔得太远。享受愈富厚，隔离愈疏远，几成公例。我们所享受的，是他们的血汗，但是他们享受到我们什么呢？"廖世承的这番话有很高的民本思想觉悟，截然不同于一般世俗的"知识阶级"。

_____

* 原文如此。

高师教育的宗师
——教育家、心理学家廖世承

他立志教育，矢志不移。

廖世承在出国前就立志学教育，决心献身于教育事业。1915年，廖世承从清华学校毕业时，有着多种选择，他不选学理工、经济、金融，而选择出国攻读教育学和心理学，决心当一名教育工作者。对于他的志愿和选择，许多亲友很不理解，劝说他学经济和银行专业，说什么搞教育没有出息，当教师一生吃粉笔灰，学经济学、银行学，最有出息，是"金饭碗"。然而，亲友的劝阻和反对，没有动摇他学教育、从事教育工作的决心和信心。学成回国后，他就一直坚持在教育岗位上。其间有人多次要他离开教育岗位，并许以优厚待遇，但他毫不动摇，始终认为教育工作是最有兴趣最有价值的工作。

1937年，日本侵略者发动七七事变，中国抗日战争全面爆发，继之上海沦陷。全国许多大学内迁，光华大学及其附中也无法开学上课。廖世承忍痛离开了任职10年的光华，但他当教师、办教育的信念没有变。时任教育部长的陈立夫知晓廖世承在教育界的声望，要他去教育部担任中等教育司司长。他考虑再三，不愿赴任，愿办学校，不愿意当官。这时，国民政府决定在后方兴办独立师范学院，以加速培养中学师资。教育部高等教育司司长吴俊升是廖世承的学生，他向陈立夫力荐廖世承筹建国立师范学院。以廖世承在教育界的声誉，陈立夫当然求之不得，而廖世承正希望实现其办学的理想，欣然应聘。

他是敬业爱业的榜样，德高望重的名师。

廖世承对自己所选择的教师职业和教育工作，始终甘之如饴。早在1924年，他就在《中学教育》一书第九章结尾写道："倘使一个人有了办事的能力和领袖的资格，加以能了解青年的性情和适应他们的需要，恐怕没有比在中学服务来得快乐的职业了……他物质上的报酬，虽是有限，精神上的快乐，却是很少人能比得上他。"这恐怕也是"夫子自道"，是他心声的写照。

廖世承敬业爱业的言行，深深地教育着学生和老师，影响十分深远。北大教授张芝联在回忆廖世承时写道："廖先生在思想上对我选择未来的人生道路则起了很大影响。记得我在光华大学快要毕业时，父亲问起将来的志愿，我脱口而出：'中学校长、大学教授……'当时我的心目中是以廖先生这位教育家为榜样。"出版家赵家璧在回忆中写道:"我们的光华老校友每逢'六三'校庆聚会时,都无不交口怀念和感谢光华附中和廖老师对自己培育的恩情,而更加坚信对于任何一个人才的成长,中学阶段是打基础的关键时刻,而廖世承老师是我们不会忘记的现代中国中等教育史上最有贡献的伟大的教育家。"上海师大教授张斌在回忆茂如老师时说:"廖老师永远是我的楷模。"华东师大谭惟翰教授1992年以《师道长存》为题作文,在回忆廖世承老师的教育业绩的同时,感叹地说:"在20多年时间里一直在廖老师身边,亲聆他的教诲,是我一生中最大的幸福,我从教50余年,以教育为终身事业,可以说受廖老师的熏陶和影响最深。"许多光华、国师的毕业生对廖先生都十分崇敬,无不称道:"廖老师是我们学习的楷模。"1947年,廖世承离开国立师范学院时,全体师生怀着对廖先生的崇敬和爱戴,在送别文上联合签名,还请雕塑大师刘开渠雕制了廖世承的铜质头像,一并送给敬爱的师长。他的铜质头像现保存在上海师范大学的校史馆里。

1992年6月15日,廖世承先生诞辰100周年纪念会在上海师范大学隆重举行,当年光华附中的学生、时任国务院副总理的姚依林送来题词:"向为教育事业鞠躬尽瘁的廖世承先生学习。"远在台湾的闲居老人陈立夫先生亲笔为他题词:"薪尽火传,文化播种,懿欤廖君,道范弥永,教泽长昭,继起接踵,馨香不替,明德新民,音容宛在,弥殷钦敬。"他的学生——上海市政府顾问李储文,以及市教卫党委书记刘克、教育局及兄弟院校领导也前来参加纪念活动。纪念会后还举行了坐落在上海师大徐汇校区西部湖边的"茂如亭"的揭幕仪式,亭匾是上海市原市长汪道涵书写的。最近,上海师范大学一名退休教师为该亭赋诗一首,以表对廖老院长的怀念与敬意:"师大校园一凉亭,古朴清雅乃一景。汪公命笔曰茂如,意在千秋长仰敬。"

他是以身作则、严于律己的楷模。

廖世承无论办中学还是办高等师范,几十年如一日地处处以身作则,严以律己,深得老师和学生的爱戴和尊敬。

廖世承在领导多所学校的过程中,坚持以校为家,始终与师生生活在一起,身教甚于言教。在南高、东大附中的8年中,他孤身一人住在校内,在主持校务的同时,常和师生一起搞教育测验和智力测验,亲自指导学生的学习,终于把东大附中办成全国中等学校中的名校。在光华大学及附中，作为副校长及附中主任（校长），他尽管家在上海，却和学生同住一个宿舍的四楼，每天察看学生早操。许多光华学生回忆当年，廖先生无论严寒酷暑，每天早上总是第一个先到操场上，等候同学到操场集合，升旗做操。在国立师院时期，师生人数不多，吃饭都在一个大厅，8人一席，每席有一两位老师，学生不分系别男女，固定座位，按时入席，谦让静肃，彬彬如也。席次座位，每月调整一次。院长也是如此。这就密切了师生之间、学生之间、领导与师生之间的关系。修建操场时，教师各视体力自愿参加，学生则分系轮作，身为院长的他亲自操簸箕，运土开沟，与师生一起劳动。

他深入教学第一线，坚持上课、听课，关爱教师、爱

图 16-6
廖世承（左二）看望在南洋模范中学实习的学生

熠熠星辉
——上海高校大师故事

护学生。

廖世承自 1920 年担任东大附中主任（校长）到担任湖南蓝田国立师院院长，始终坚持为学生上专业课和时事形势课。廖世承在南高、东大附中率先开设并主讲《中学教育》《教育心理学》等新课程。在光华大学、国立师院，他坚持为教育系学生讲授《教育心理学》《教育测验与统计》等课程。在国立师院，他身为院长兼任教育系主任，又兼任一年级十几个学生的导师。廖世承在坚持上课的同时，还坚持认真听课，了解教学状况。每次听课，他总是上课前几分钟坐在教室后面。听课时，他详作记录，课后与任课教师交换意见，并和学生谈话，听取反映。

廖世承担任上海第一师院、上海师院院长后，虽年逾花甲，但仍到教学第一线听课。一次，中文系张斌老师上语言学概论课，因为是 100 多人的大班，一开始张老师并未发现廖院长在后排听课。课后张老师急忙请廖院长提意见，廖院长说了两点，张老师回忆道："第一，他问我这门课与其他相关课程如何配合，我一时竟答不上来，心里感到惭愧。从此我记得要教好一门课，必须把课程放在整个培养计划中加以考虑。第二，他问我大班课和小班课的优缺点，我了解他是主张上小班课的，然而我的回答是强调学生多，小班排课有困难。他没有说一定要怎么办，却说对这类问题需要调查研究一下。"

廖世承一贯重视教师在教育教学中的主导地位和重要作用，所以十分懂得慎择教师、优待教师，善于使用、指导、督促和培养教师。他的名言是"一个学校的最后成功，就靠着教师""教员为学校之命脉"。因此，除在教师来源上，对学历、经历、经验、教学专业训练、思想品行等方面严格选择外，他还对来校任教的教师在工作中加以培养。他经常通过亲自听课了解教师的教学状况，发现问题后及时与教师一起探讨，加以指导帮助，使教师不断提高。根据教师的情况，他或增加教师阅读书刊的时间，或给予脱产进修。为了推动教师开展学科及教学研究，他要求每学期每个教师选定一两个课题，进行调查研究，提出提纲或研究报告，轮流到会上发言，展开讨论，互相提高，充分发挥教师的主动性和创造性。

对于教师生活，廖世承总是尽可能给予照顾和优待。以光华附中为例，教师的待遇有较明确规定：凡大学本科毕业被正式聘为附中专职教师的，第一年月薪为70元大洋，以后逐年增10元；月薪满百元后，逐年增加5元，以160元为最高限度。教学时数逐年减少，月薪不变。这样的待遇，一是使教师生活安定（当时1元大洋约可购买22.5千克大米），爱校如家，自然能够专心授课。二是在若干年内，教师可将平日积累的教学经验和学术研究心得，利用各种时间撰写论文、著书立说，使教师的教学水平和学术水平不断提高。

为提高教师的教学和研究能力，廖世承办学有一个鲜明的特色，就是学校自办刊物，或与有关教育刊物协作。东大附中与《新教育》《中等教育》《教育汇刊》《教育杂志》《中华教育界》等刊物都有密切联系。廖世承自己在这些刊物上发表了大量教育论文及研究报告，许多教师也在这些刊物上发表文章。在光华附中任职时，他不仅与上述刊物继续保持联系，附中自己还办半月刊、校庆纪念刊、毕业特刊；在湖南蓝田国立师院任职时，在物质条件十分困难的情况下，他仍创办《国师月刊》《体童科季刊》《国师季刊》，还与美国交换图书杂志；在上海第一师院和上海师院任职时，他不仅十分关心办好院刊，还着力创办文、理科的学报，创建学术阵地。与此同时，学校还与商务印书馆、中华书局等出版机构建立关系，不断帮助教师出版研究成果的专著。

廖世承对各个时期的学生都非常关爱。他对学生的爱护与培养，不仅表现在学业与健康上，还在政治上、思想上及课外活动等各个方面。张斌教授回忆在国师读书的经历时，表示有一件事使他始终不能忘怀。他说，在国师读书时，他与几位同学组织"星社"，出版《新星》半月刊，由他主编，一连出了6期，主要刊载同学们的作品，也登载一些老师的文章。为了扩大发行，筹集资金，"星社"决定演出曹禺的话剧《雷雨》。连演几天，场场爆满，引起国民党右派注意，不仅查封了《新星》杂志社，还开出逮捕的黑名单。对此，廖院长不但不接受他们的控告，还指出演出《雷雨》是学生的正当娱乐，是无政治性的。最后闹到国民党中央，廖院长也从保护学生出发，只让"星社"解散，刊物停刊了事。他对张斌说，你要用心学习，今后要多加注意，不要授人以柄。这件事加深了张斌对廖先生的崇敬。

他一贯的作风是艰苦奋斗，勤俭节约。

办中等教育和办高等师范教育，是廖世承一生谱写"教育奏鸣曲"的两大"乐章"。在演奏这两大"乐章"过程中，他艰苦奋斗、勤俭办学、精打细算、厉行节约的思想和作风贯穿始终，最为突出的是抗战期间创办国立师范学院。廖世承受命筹建国立师范学院时，只能绕道广东、广西，乘船乘车，甚至徒步，辗转多时才到达湖南蓝田。蓝田几乎一无所有，交通也十分不便。就如钱基博先生在《国立师范学院成立记》中写的："光明山，距蓝田西一里许，重冈复岭，因山作屋，四面松竹，间以红树。"怎么办？只能利用"李园"，即辛亥革命元老李燮和先生的旧宅作为学院的校址，开学时师生员工200多人全都挤在这里。旧居虽是砖瓦房，但潮湿阴暗，只能把厅堂当作礼堂和饭厅，没有图书馆、仪器室，也没有操场，只能利用堂前晒谷坪作为上晨操和体育课的场地。学生上课没有课本，只能靠老师讲，学生记笔记。师生都睡在临时搭的板床、竹榻上，晚上教师和学生都在油灯下备课、改卷和复习。面对这种状况，廖先生带领师生员工一面上课，一面建校。他们在蓝田旁的光明山上，建造九思堂作为教学楼，用竹片涂石灰搭建学生宿舍，砖建中山楼、音乐教室，用砂石铺大小地坪，租用民屋作医务室、女生宿舍，教师住在"李园"旧宅。图书资料、教学仪器设备从山东、安徽有关学校调过来，使学校初具规模。后来又在学院附近六亩塘建造了附中校舍，办起了中学，作为国立师院的教学实验基地。再在街道内建文化馆、民众教育馆、附小、幼儿园、夜校、识字班、补习班多所。在较短时间内，一个偏僻的蓝田镇，出现了前所未有的教育发展新气象。这个新气象是廖先生亲自筹划，全院师生员工同甘共苦、勤俭办校得来的。廖世承精打细算，勤俭节约，利用当地资源，建造了一所在抗日战争时期有很大影响的高等师范学院。

在国立师院，廖世承身为院长，始终与师生员工同住同吃同上课。尽管院领导只有他一人，但他从不特殊，虽配有轿子，但很少坐。黄季顺老师回忆道："我所见到的茂如老师，平日老是穿一件蓝布长衫，严冬季节，也只穿一件薄薄的丝棉袍子。他睡在一间小屋里，除了一张床、一个办公桌，还有两个书架、一个皮箱，几年如一日。"李绍应老师回忆廖院长时说："他提倡艰苦奋斗、勤俭办学，事事精打细算。不管开什么会，有些会尽管参加者是专家、学者，总是一杯白开水。冬天嘱我烧几盆山区里的木炭火，以此来取暖。廖院长用一张纸都很爱惜，常利用旧信封再寄信。我也为他翻了不少旧信封。"廖世承勤俭办学、爱校如家的精神，贯穿他一生。在他任上海第一师院、上海师院院长以后，虽然办学条件有了很大改善，但他也从不拿一张纸、一个信封私用。

黄季顺老师还回忆道："1945 年 1 月下旬，我和茂如老师离开溆浦一道赴重庆。抵沅陵，遇大雪，川湘公路，汽车不能通过，只能停下来。沅陵的旅馆均客满。在沅陵

图 16-7
廖世承院长为上海师院毕业生
颁发毕业证书

熠熠星辉
——上海高校大师故事

贞德女校任教的国立师院毕业的学生接我们入住学校。这所学校系基督教会所办，男客不许入居校内，就在学校传达室旁边的会客室内搭两个临时床，茂如老师和我住了下来，我们从早到晚生活在一起，历时半个月，一日三餐只能买来吃。过春节几天，饭馆不营业，我们就在睡房的火盆上用罐子煮面粉团吃。对此，茂如老师不但没有一句怨言，心里想的、与我说的，除了在美国留学时的情况外，大多是学校的发展和建设。"

薛炽涛老师回忆自己在光华受到廖老师谆谆教诲 10 年，1938 年又随同廖老师历经艰险来蓝田，在国立师院工作了 7 年。他说："国立师院从一无所有，到建成初具规模，全靠廖老师的精心筹划，艰苦奋斗，以及当地群众和师生员工的协助和努力。廖老师为办好学校费了很大心血。如在蓝田时期，每月所需经费，必须由学校直接到百余里外的新化县城银行领取，途中必须在山谷伙铺（过路人借宿的临时棚舍）中过夜。领取现款的数目相当大，而当时治安情况又差，但廖老师不愿让别人多担风险，经常亲自带人冒着危险去领取。"

廖世承院长的教育生涯长达 51 年。前 30 年是民国时期，他勤恳敬业，在教育理论的创新方面，多有贡献；在教育实践的开拓方面，成绩卓著。中华人民共和国成立后的 21 年间，前 7 年，从光华大学到华东师大，他参与领导对旧教育的改造、对新教育的建设，坚定地走社会主义的办学道路；后 14 年任职上海师范学院，虽然"文革"前的正常工作时间只有 10 年，在这 10 年中，学校的教学工作又受到政治运动的严重干扰，但廖老院长抓发展规划、抓师资建设、抓教学质量、抓教风学风，仍旧本其一贯的热爱教育、热爱师生的赤诚之心，兢兢业业、坚韧不拔地耕耘在高等师范教育的园地里，为上海师范学院的稳步发展、为国家的师范教育事业作出了不可磨灭的贡献。

我们怀念廖世承院长，他创新的教育理论、丰硕的实践业绩、高尚的师德品格，是留给我们的宝贵财富，上海师大人将永远珍惜并发扬光大。

师道感悟

从来问学赖前贤，易俗移风数十年。

薪火辉煌传歇浦，弦歌婉转遍蓝田。

高师教育的宗师
——教育家、心理学家廖世承

苍苍白发容颜在，耿耿丹心夙志坚。

廖氏门前桃李盛，寒冰化尽正春天。

——张斌（我国著名语言学家、教育学家，上海师范大学教授）

廖世承校长最触动我的是他的爱国情怀，以及他对学生的豁达与包容，他真正践行着教育救国的伟大使命。

——谢馨慧（大师剧《师说》主演之一、上海师大表演专业毕业生）

（撰稿：汤才伯、李培栋、郁中秀、陆云）

熠熠星辉
　　——上海高校大师故事

法学殿堂的师魂

——法学家裘劭恒

大师生平：

裘劭恒（1913—2009），江苏无锡人，我国著名法学家，曾任上海对外贸易学院（今上海对外经贸大学）名誉院长。

主要贡献：

（1）曾参与"东京审判"，担任"涩谷案"法官，担任最高人民法院审判林彪江青反革命集团特别法庭顾问，参与香港特别行政区基本法起草。

（2）他是海内外著名的教育家，长期从事国际法学、英语、英美法律方面的教学和研究，先后撰写了《英语限定词》《国际商会国际贸易名词解释》（英译本）、《现代英语语法》《英语修饰语》《中华人民共和国法律汇编》（英译本）等多部著作、译著。

图 17-1
裴劼恒像

熠熠星辉
——上海高校大师故事

当祖国需要我的时候,我必挺身而出;当人民需要我的时候,我定义不容辞!

学校要认真贯彻"教育要面向现代化、面向世界、面向未来"的战略方针,要深刻领会教育改革的目的是提高民族素质,多出人才,出好人才。学校在教育改革的同时,也需要实行对外开放,开展国际学术交流,发展校际合作关系,以吸收国外先进的东西,介绍我国社会主义各方面的成就。

——裴劢恒

师者故事

一、参与东京审判,维护国家利益

1945 年,经过 14 年浴血奋战的中国战胜了日本侵略

图 17-2
大师剧《裴劢恒》剧照

法学殿堂的师魂
——法学家裴劢恒

者，取得了抗日战争的伟大胜利，全国人民无不欢欣鼓舞，扬眉吐气。1946年1月，远东国际军事法庭成立，美、中、英、法、澳、菲等11个战胜国分别派出法官、检察官，对日本的28名甲级战犯进行公开审判。国民党南京政府当时派出两名代表，立法委员梅汝璈先生担任中方法官，上海地方法院检察长向哲濬任中方检察官。由于东京审判涉及事务繁杂，根据法庭规定，向哲濬可以带一名秘书。当时身在上海的裘劭恒经东吴大学刘世芳教授推荐，担任向哲濬的秘书。

由于国际国内错综复杂的因素，当时的国民政府对东京审判并不十分重视。特别是在证据方面，只是空洞地列举罪行，缺乏有力的人证、物证及相关技术性证据。对中方向国际检察局递交的中国政府认定的11人战犯名单，远东国际军事法庭首席检察官、美国律师约瑟夫·基南任要求中国必须拿出证据。

图 17-3
裘劭恒（右一）1946 年与爱新觉罗·溥仪在远东国际军事法庭出庭时交流

熠熠星辉
——上海高校大师故事

三四月间，向哲濬和裘劭恒频繁回国，前往过去的敌占区，在遭受过日军侵略迫害的难民中寻找人证与物证。由于战争期间中国方面没有注意搜集和保留证据，另一方面日本军方严守军事秘密，投降后又销毁了大量犯罪证据，他们的搜集工作困难重重。裘劭恒与两名美国检察官一同来到南京取证。他们在南京最高法院门口贴布告，号召幸存者、目击者前来提交控诉材料。那时，法院门口每天都挤满了控诉的人，交上来的材料有10000多份。美国检察官对中文一窍不通，裘劭恒只能通宵达旦，从这么多材料中挑选最具有代表性的，然后实地去调查。问他们受到侵华日军迫害的情况、录制他们的证言，当场请幸存者、两名美国检察官签名，证实日军南京大屠杀是事实，证明材料是真实的。

裘劭恒他们向法庭提供的证人证词和其他证据材料堆起来有一尺多高。裘劭恒最终找到了南京大屠杀幸存者尚德义、伍长德，金陵大学历史系教授、美籍国际友人贝德士等关键人物，将他们带到东京远东国际军事法庭作证，这些证据确认了1937年日本占领南京的最初6个星期内，屠杀平民和俘虏20万人以上。

后来的事实表明，中国检察组所准备的材料在庭审中起了重要的作用。比如，当年日本军国主义者为了减轻罪责，曾歪曲事实，说当时建立伪满洲国是溥仪寻求保护，主动与日勾结的。裘老从国际检察组资料室所藏的日方档案材料中找到了一份日本驻天津总领事给外务省的密电，上面叙述了土肥原策划将溥仪从天津秘密押往沈阳成立所谓满洲国的时间和路线。这一发现有力地证实了成立伪满洲国是日军侵略中国的一个重要阴谋。溥仪当时处于苏军控制下，苏联检查组同意美方请求，将溥仪作为证人从苏联送至东京。根据国际检查组规定，远东军事法庭只有5人有权同溥仪见面，中方仅裘劭恒一人。裘劭恒多次和美方检查官一起前往苏联大使馆和溥仪接触，劝说溥仪出庭作证。溥仪的证词有力地证实了成立伪满洲国是日军侵略中国的一个重要阴谋，填补了土肥原阴谋活动证据的空白。

二、勇挑正义重担，维护国人权益

正当起诉日本战犯的工作告一段落，裘劭恒准备回国时，东京发生了震动一时的"涩谷事件"。有几十名台胞在东京中国驻日代表团开会后分乘几辆卡车，路过涩谷警

231

法学殿堂的师魂
——法学家裘劭恒

察署附近时，突然遭到事先埋伏在路边的大批全副武装的日本警察的挑衅和袭击。日警向台胞开枪，使赤手空拳的台湾同胞 6 人被打死，20 人被打伤。持枪袭击我同胞的日本警察理应作为被告受审。特别是当时日本作为战败国正在受到各盟国的审判，我们中国人履行保护自己的权利义不容辞、责无旁贷。然而在美军的庇护下，打死打伤中国平民百姓的日本警察颠倒黑白，反诬台胞制造事端，将在场的台胞逮捕后解送美占领军当局，以扰乱占领区治安的罪名向第八军军事法庭起诉我台湾同胞。

消息传到国内以后，全国各阶层人士和广大老百姓无不义愤填膺。在国内舆论的压力下，当时东京的中国政府驻日代表团一再与美方交涉，要求惩办日警，未能如愿。后美方同意在军事法庭 3 个法官中由中国方面推荐一名中国法官参加审判工作。裴劭恒经中国代表团推荐担任中国该案审判法官。本来裴劭恒不准备参加该法庭，因为他知道美方两个法官必然要偏袒日方，二比一的架势肯定会作出不利于中国侨民的判决，参加进去反而会被美国人所利用。但他后来考虑再三，为了当众揭露美方偏袒日本的阴谋，为被害的台湾同胞伸张正义，表达国内民众的爱国感情，毅然决然参加了三人委员会。在长达 2 个多月的审理过程中，裴与美方两名法官在内部进行了多次的争论。他大胆而坚定地陈述自己的意见，但他的努力始终未能扭转局面。针对美方力图作出的有利于日本的判决，他在审讯结束后，法庭内部做最后宣判的表决时，毅然指出审判之不公正，表示对非法的判决（包括徒刑、劳役、遣返）不参加投票。而当美法官于宣判之日悍然宣布判决后，裴劭恒立即站起来大声宣布："我作为本法庭的法官之一，不同意以上判决，本案被告未经检察组提供有效证据证明有罪。"他的语音未落，整个法庭沸腾起来，被无辜判罪的台湾同胞一个个感动得热泪夺眶而出。他们没有想到在美国人操纵的法庭上也能听到来自祖国的正义之声。而主持审判的审判长当时气得连连说道："你这样做后果是严重的，你必须对此完全负责！"裴劭恒泰然答道："对不合法的宣判提出不同意见，是我的权利，也是我的责任。我将提交一份判决异议书送第八军军法处重新审理。"由于第八军军法处是该审判庭的上级机关，审判长只得作罢，悻悻地宣布退庭。裴劭恒法官走出法庭时，立即被许多记者围住，其中一位是路透社的战地记者康地（Condee），他连声说道："你讲得好极了，我要把你的讲话发电讯……"

果然，不久以后，"年轻的中国法官不畏强权，大义凛然"
成为各国报纸的重要新闻。过了几天，美第八军军法处
处长亲自打电话给裴劻恒，说明已收到裴提出的法律异
议书，并表示他完全可以并且有权在法庭上发表自己的见
解。同时以他个人名义邀请裴在横滨美军第八军司法处
续谈。裴去后，重复提出异议书的法律意见，并提出美军
事法庭应对东京日本警视厅总监等 3 人起诉。至此，颠倒
的历史被重新纠正了过来。后来对台湾同胞的判决以遣
返回台不了了之，而且由美方对日本东京警视厅总监、涩
谷警署署长等 3 人提出了起诉。

在参与审理"涩谷事件"上，裴劻恒又一次表现出炽
热的爱国热情、超人勇气和卓越才华。他以自己的行动，
为祖国赢得了荣誉，维护了人民的权益。他也随之名声大

233

振，许多国家的报纸都刊登了他的事迹。照理，这是个人发展的极好机遇，但是，看透了国民政府的腐败的裴劢恒一再拒绝国民政府对他的委任。当时的外交部长曾亲自致电行政院，在报上宣布裴劢恒为对日赔偿五人专家小组成员，裴未肯接受、婉言谢绝，以致与外交部不欢而别。他这种在祖国需要自己出来维护祖国的权益和荣誉时勇敢地挺身而出，而在国民党政府要委以重任、给自己铺平了一般人认为的通向飞黄腾达的道路时又毅然激流勇退的高尚情操与宽广胸怀，在当时是难能可贵的，在今天仍然是令人肃然起敬，值得广大青年学生学习的。

三、鞠躬尽瘁，致力国家法制建设

热血满腔、才智卓著、情操高尚的裴劢恒对社会主义事业抱有一片赤诚之心。中华人民共和国成立以后，他竭尽全力为新中国的法制建设和教育事业服务。20 世纪 50 年代后期，他和外贸结下了不解之缘。他曾为上海市外贸局制定一个外贸统一合同条款，即"销售确认书"，后来逐步推广到全国，沿用多年，对发展对外贸易起到良好作用。英国大百科全书"国际贸易"部分曾将此条款引入有关条目，认为这是中国的独创。嗣后他还在为政府处理出口爆竹案件、民航劫机事件等问题上提出了有价值的意见。

党的十一届三中全会以后，在党的"解放思想、实事求是"方针的指引下，如同许许多多热爱祖国、热爱社会主义又有真才实学的知识分子一样，裴劢恒的才智和胆识就像山涧的喷泉一样喷涌而出，在祖国的社会主义法治建设和教育事业中发挥了重要的作用。经贺绿汀向彭真推荐，裴劢恒出任全国人大法律委员会顾问，对完善我国的法律建设作了不少贡献。在担任审判林彪、江青反革命集团的特别法庭顾问时，他提供了英美等国审判程序的一些资料，供中央有关领导参考，提高了审判的质量。在审理江青时，又以美国联邦最高法院的法理和判例为依据，提出被告人因严重违反法庭秩序被责令退出法庭后，诉讼程序仍可继续进行的论点，从而使江青用退出法庭的无赖手法破坏审判进行的伎俩未能得逞。在香港基本法起草工作中，他参加"中央与地方特区"的第一小组工作。随着起草工作的顺利推进，裴劢恒越来越感到，小平同志提出的"一国两制"的战略决策是解决不同社会制度间矛盾的创举，具有划时代的意义。

图 17-5
裴劬恒参加香港基本法起草工
作会议

　　裴劬恒长期以来以他坚定的社会主义信念、对中外
法律的谙熟程度和高超的外语表达能力参加了广泛的涉
外活动，成功地宣传了我国的社会主义法制，加强了我国
与其他国家法律界的联系。1985—1986 的两年间，他作
为全国人民代表大会的代表，赴加拿大、墨西哥和阿根廷
等国连续参加了 3 届各国议会联盟会议，并应邀赴澳大
利亚悉尼大学法学院讲学，用两个多月的时间介绍了中
国的法制。在国内他也分别接待过北美、西欧许多国家
的政法界人士，清晰而准确地回答了他们有关中国刑法、
民法、经济法和法律教育等的一系列问题，受到各国人士
的好评。

　　裴劬恒积极组织和参与 1979—1986 年期间全国人
大通过的所有法律的翻译、定稿工作。厚厚的两大本英
文版的《中国法律》在国际法律界产生了巨大的影响。

图 17-6
第七届全国人大法律委员会成
员合影，裴劼恒为前排右二

他积极支持澳大利亚大维·塞姆斯有限公司和中国市场出版公司联合出版中英文《中国对外经济贸易法规汇编》，并为它写了前言。后来，国务院港澳办又将审核香港现行法律（英文本）的任务，交由他主持委托上海社科院法学研究所完成。当时，超过 80 岁高龄的裴老还打算用英文写一本《中国法制》的专著。此消息一出，便引起国外出版界的兴趣，一家出版社主动要求为其承担发行任务。

四、呕心沥血，着力培养优秀人才

百年大计，教育为本。裴劼恒深深地知道，国家的改革开放大业需要成千上万精通外语、熟悉经济的高级法律人才。他认为，中国的涉外司法人员不仅要懂法律，还要拓展知识领域，掌握经济和外贸的一些基本知识，而外贸经济人才也要懂得法律。在他的倡导和支持下，司法部举

熠熠星辉
——上海高校大师故事

办了涉外司法人员培训班。他亲自在司法部"涉外经济法和专业律师训练班"以及"全国法律专业师资进修班"担任教学工作。上海对外贸易学院举办了为期半年的对外经济贸易法律专业培训班,为司法部等单位培养了一批涉外法律骨干人才。1986年,上海对外贸易学院建立了国际经济法系。一批又一批既通晓外语又熟悉经济、掌握法律的全面发展的外经贸人才和法律人才成长起来,正走向广阔的国际舞台,为祖国的振兴贡献自己的青春。这中间包含着裴劭恒教授的无数心血和才智!

裴劭恒为了祖国的法律建设和教育事业,常常夜以继日地工作,把自己的健康置之度外。一次中美学者联合举行经济法研讨会,为审阅、修改一篇文章,他准备搞个通宵,谁知屋内红外线取暖器漏散了煤气,正在全神贯注修改文章的裴劭恒,直到煤气把自己熏倒在地还未觉察,幸好被女儿发现,立即送医院抢救。刚刚脱离危险,他就向医生提出回家要求。在家没有几天,就启程赴京工作。这一次意外使他的健康受到了较大的损害。

还有一次,司法部委托裴劭恒办第二期高级律师培训班,此时正值他患病住院。他为了按时办好培训班并在实际工作中培养年轻的接班人,不顾重病在身,把周汉民叫到华东医院,含着热泪,交代了办班的具体任务。这给当时才27岁的周汉民留下了终生难忘的印象,成为推动他迅速成长的动力之一。

师道感悟

像他那个时代的许多人一样,父亲一生经历坎坷,但对国家的法治建设始终热切关注、热情参与。父亲对事业的专注,对责任的担当,尤其是正直无私的品格,是他留给自己和家人最大的精神财富。

——裴斌(裴劭恒之女)

裴老的一生做了三件大事。他在东京审判的法庭上,代表一个深受日本蹂躏十数年的民族发出觉醒的声音、正义的声音、控诉的声音;他在国家审判"四人帮"的法庭上，代表受十年浩劫磨难的千百万同胞追求民族复兴、国家富强；他在香港行将回归祖国之际，成为香港基本法起草委员，为香港的长治久安，为祖国的繁荣富强作出自己独特的贡献。我们要继承裘老留下的思想遗产。

——周汉民（全国政协常委、上海市政协副主席、裘劭恒教授首位研究生）

（撰稿：居怡）

熠熠星辉
　　——上海高校大师故事

现代中国会计学科的奠基者

——立信教育事业创始人、会计学家、教育家潘序伦

大师生平：

潘序伦（1893—1985），我国现代杰出的会计学家和著名教育家，创办了事务所、学校、出版社"三位一体"的立信会计事业，从事会计事业 60 年，被誉为"中国现代会计之父"。

主要贡献：

（1）1924 年秋，潘序伦学成归国，先后在国立上海商科大学、暨南大学任教，引进并传授西方会计知识。

（2）1927 年 1 月，潘序伦辞去教职，自设"潘序伦会计师事务所"，执行会计师业务。次年，取《论语》"民无信不立"，将事务所更名为"立信会计师事务所"。

（3）1928 年春，潘序伦在事务所附设簿记训练班，正式开班授课。次年，簿记训练班改为立信会计补习学校。立信教育事业由此发轫。

（4）1941 年 6 月，立信图书用品社挂牌。潘序伦"三位一体"办学模式正式形成。

（5）1980 年，潘序伦发起倡议复办立信会计专科学校，并担任名誉校长。他捐出毕生积蓄，设立潘序伦奖学金，并将存书和出书版税全部投入会计教育事业。

（6）1985 年 10 月，中华人民共和国财政部向先生颁发荣誉证书，纪念潘序伦从事会计工作和教育工作 60 周年，表彰他对我国会计事业作出的卓越贡献。

图 18-1
潘序伦像

熠熠星辉
——上海高校大师故事

师魂唱响

潘序伦认为,从事会计工作的人,必须在立志、守身、处事、待人等方面建立信用。无论对人对事,都要坚定不移地守信重诺,严禁弄虚作假。他深深懂得,建立信用对于事业会产生长远的影响。立信教育事业能够在社会立足并发展壮大,与"立信"精神密不可分。

会计师应具有公正之品格,诚笃之心地,廉洁之操守,勤奋之精神,以恢张其信用,而发挥其效能。

夫学识经验及才能,在会计师固无一项可缺,然根本上终究不若道德之重要。

刻苦耐劳办学校,然后可能有成就;理论实务相结合,然后可望有专才。

会计九十九分不算合格,只有一百分才算合格。

——潘序伦

图 18-2
大师剧《潘序伦》剧照

现代中国会计学科的奠基者
——立信教育事业创始人、会计学家、教育家潘序伦

师者故事

一、会计巨擘　一代宗师

2018 年 5 月,上海市社联公布了首批 68 位"上海社科大师"。上海立信会计金融学院创始人、我国著名会计学家、教育家潘序伦名列其中。

2017 年 11 月,第十二届全国人民代表大会常务委员会第三十次会议决定,再次对《中华人民共和国会计法》作出修改。经济越发展,会计越重要。随着中国特色社会主义进入新时代,会计对经济建设的支撑与助推作用,将越来越明显。而在 20 世纪初,中国本土的中式簿记一片荒芜,严重滞后于民族工商业的发展。潘序伦先生慧眼独具,大胆创新,引进西方新式会计,成为现代中国会计学科奠基者,赢得"中国现代会计之父"的美誉。

潘序伦,江苏省宜兴县人,生于 1893 年 7 月 14 日,故于 1985 年 11 月 8 日。他是中国现代杰出的会计学家和著名教育家。他的传略曾分别收入新版《辞海》、《教育大辞典》、《中国现代教育家传》第八卷、《中国企业家列传》第四卷;上海人民出版社于 2007 年出版了《潘序伦传》。

潘序伦历任立信会计师事务所主任会计师,立信会计专科学校校长、名誉校长,立信会计图书用品社社长,中国会计学会和上海市会计学会顾问,上海市社联顾问,上海市审计学会名誉会长,上海公正会计师事务所董事长,立信会计编译所主任和上海市高级会计技术职称评定委员会副主任等职。他是发展我国会计事业和培养我国会计人才的先驱。

二、岁月如歌　信扬天下

潘序伦早年从上海圣约翰大学毕业后留学美国,先后获得哈佛大学企业管理硕士和哥伦比亚大学经济学博士学位。他是当时中国仅有的在美国取得经济学博士学位的几个人中的一个。

1924 年秋,潘序伦回到祖国,在国立暨南大学、上海商科大学等校任教,致力于引进并传授西方先进的会计知识与技术。由此开始,潘先生一直从事会计事业,达 60 多

图 18-3
潘序伦亲笔题写的校训

个春秋，成为中国现代会计学界的泰斗。

20 世纪 20 年代前后的中国，民族工商业有所发展，用毛笔书写的那种上收下支、科目颇为简略的中式簿记，已不适应日趋繁复的财务活动，会计革新在当时已势在必行，潘序伦决意推进这一工作。他在 1927 年创办了"潘序伦会计师事务所"，后借用《论语》中"民无信不立"之意，将其更名为"立信会计师事务所"，以公正服务、建立信用为宗旨。他在业务活动中特别注重信誉和公道，加上他学兼中西，因而承办业务效率质量俱佳。立信会计师事务所迅速在社会上确立起良好的声誉，承接的各类业务量大增。自 1939 年始，先生在桂林、重庆、南京、广州、天津等地设立了分所。

潘序伦在设立会计师事务所初期，就深深感到革新会计制度，非训练专业会计人员不可。为此，他一面创立会计学校，一面印行《立信会计丛书》，把开展会计师业务与培养会计专业人才、进行会计学术研究、编辑会计著作教

243

材三者融合起来，为以后形成学校、事务所、出版社"三位一体"的立信会计事业创造了良好的开端。

立信会计教育事业，是潘序伦从1928年在事务所内开办簿记训练班起步的。后来训练班正式改为立信会计补习学校，校址设在上海市河南路吉祥里。由于教学认真、讲求实效、注重实用，适应了社会需求，学校招收人数逐年增加，班级与学科不断扩大。为满足外埠青年学习会计的强烈愿望，潘序伦先生又创办了立信会计函授学校，函授学员很快遍布全国，远至港澳及南洋一带。同时，北京、天津、广州、南京、重庆、兰州等全国不少省市及香港地区，经潘序伦的全力支持，先后办起了不同层次、不同形式的立信会计学校，在更广泛的范围内，扩大了培养会计人才的基地和立信对全社会的辐射力。

尽管立信会计补习学校、立信会计函授学校已经取得成效，但潘序伦并不以此为满足，他总认为补校、函校所学的时间短，教学内容少而简，不利于学生今后的工作和继续学习提高。1937年，潘序伦与事务所同仁决意创建立信会计专科学校，以培养既精通业务，又具有管理能力的高级会计审计人才。立信会计专科学校的成立，使潘序伦创建的立信会计教育事业形成了包括立信会计补习学校、立信会计函授学校、立信会计专科学校以及以后成立的立信会计高级职业学校在内的兼备大专、中专、职业补习教育的完整体系，并对提高立信会计事业的整体层次性发挥了重要的作用。

早在成立立信会计补习学校之初，为了适应教学需要，潘序伦组织事务所里有学识和经验的同仁就编写了《立信会计丛书》，委托商务印书馆出版发行。在重庆期间，潘序伦在担任学校董事的王云五先生支持下，从商务印书馆收回了版权和纸型，与生活书店合资，于1941年6月成立了"立信会计图书用品社"，潘序伦出任社长，继续出版《立信会计丛书》，并编过一套包含财政、金融、保险、贸易、统计、计算技术、企业管理等内容的《立信会计丛书》，以及会计账簿表格单据等。至此，潘序伦精心筹划、全力开拓的立信会计师事务所、立信会计各级各类学校、立信会计图书用品社"三位一体"的立信会计事业新格局正式形成了。

经过60多年的风雨历程，凭着潘序伦坚韧不拔、锐意进取的敬业精神以及立信同仁的齐心协力，立信会计师事务所在国内外有着良好的信誉和广泛的业务联系，立

图 18-4
潘序伦摄于 20 世纪 40 年代的
工作照

信会计各级各类学校先后共培养了 10 多万会计人才。广大立信校友分布于中国各个省市以及世界 20 多个国家和地区，相当多的校友学有专长，勤勉工作，成为财经工作的中坚力量，还有相当多的校友卓有建树，被公认为会计专业方面的知名专家、学者、教授。经潘序伦主持编辑的《立信会计丛书》，和先后出版的 300 多种专著、教材，累计发行 800 多万册，有多种被列入当时颇负盛名的商务印书馆出版的《大学丛书》。

潘序伦从事会计工作 60 多个春秋，开创了"三位一体"的立信会计事业，他的名字已载入中国会计发展的史册。潘序伦勤奋自勉、学而不厌、诲人不倦、精益求精，他在会计学、审计学等方面都有很深的造诣，对财政、金融、税务、经济管理等都有很深的研究，是一个集大成的会计学家。潘序伦学识渊博，著作等身。他一生著作逾千万

现代中国会计学科的奠基者
——立信教育事业创始人、会计学家、教育家潘序伦

图 18-5
潘序伦著作《会计学》

字，专著（包括译著）30 多部，学术论文百余篇，其代表作有《公司理财》《高级商业簿记教科书》《会计学》《股份有限公司会计》《会计名词汇译》《基本会计学》等。其中，有的著作流传之广，影响之大，至今犹为人津津乐道。

20 世纪 80 年代初期，随着国内经济建设的发展，培养大批财会人才成为当务之急。为适应这一需要，1980 年 10 月，立信经批准复校。几十年来，立信会计专科学校已培养了数十万名各类财会人才。1986 年 3 月，又重新组建了立信会计师事务所，该所各项业务的发展很快，是上海市第一批获国家批准的可以从事股份制企业查证业

熠熠星辉
　　——上海高校大师故事

年逾古稀的潘序伦在会议上
发言

务的四家会计师事务所之一。1986 年 9 月，国家新闻出
版局批准恢复立信会计图书用品社（现更名为立信会计出
版社），立信会计事业在新的历史时期又得到了新的发展。

潘序伦年近九旬时，虽然抱恙在身，仍然壮心不已，
热忱为中国会计事业的发展操心操劳。在他的直接关心和
支持之下，立信会计专科学校迅速复校，《立信会计丛书》
《立信财经丛书》重新出版。他一如既往地关心会计学的
发展。1979 年，经他的关心支持，上海成立了全国第一家
会计学会，他捐资 4 万元作为学会的发展基金。1980 年，
潘序伦参加了人才问题的讨论，提出了开展"人才会计"
的研究问题。1983 年，他又强调，要发挥管理会计的职能，
在做好传统的记账、算账、报账等工作的基础上，充分发
挥会计信息的控制和反馈作用，逐步开展经营分析、前景

现代中国会计学科的奠基者
——立信教育事业创始人、会计学家、教育家潘序伦

预测、方案比较、预算控制等工作。在同年的会计学会年会上，潘序伦语重心长地提出，会计人员必须树立职业道德。他的这些主张和建议，有关方面给予了很高的评价。

三、爱国兴校　死而后已

在上海立信会计金融学院校史馆展厅中陈列着一张泛黄的稿纸，题为"潘序伦最后遗愿"。这是潘序伦于 1983 年 4 月亲笔所写，当时他已年逾九旬，多病在身，自知将不久于人世，因此写下了这段文字："我自料不会长期存活，兹把我的最后遗愿，写明如下：'1. 不发讣告。2. 不收骨灰。3. 不开追悼会。4. 不收任何形式的奠礼，如花圈、花篮之类。'恳切请求亲友、同事、同学们务必在我死后，切实按照我的遗愿执行，万分感激！我一生最喜欢节约，一切物力、人力、财力为建设新中国服务。"最后落款为"潘序伦亲笔，1983 年 4 月"。"节约一切物力、人力、财力为建设新中国服务"，潘序伦是这样说的，也是这样做的。他一生克勤克俭，不慕荣利，但为了办学却多次捐出自己的收入、房产。在他看来，为新中国培养更多的会计人才，就是为新中国的经济建设服务。这样的爱国情怀、高风亮节、大师风范令人感佩和动容。

潘序伦晚年的生活勤俭淡泊，斗室中除一床一几一柜、一桌四椅以外别无他物。学生蔡经济曾托人带来一件纯羊毛的衣服，他则转送给一位熟识的医生；90 岁生日时学生赠送新服一套，他藏在箱底，仍然穿着那件老式的对襟衣衫和平底布鞋。

改革开放之初，当时的五大会计师事务所联合在上海锦江饭店举办招待会，潘序伦应约前往。虽是冬天，但饭店内有暖气设备，来宾均已脱下外套，但潘序伦却始终不愿，以致汗流浃背，颇为狼狈。事后大家才知道，他当时穿的是一件破烂不堪的旧衬衫。

女儿潘屺瞻在回忆中谈到，父亲常对她讲："我年纪大了，对生活也没什么要求，粗茶淡饭足矣！"潘序伦晚年身着布衣，僻处陋室，最关心的还是立信会计事业。

潘序伦虽然生活俭朴，但为了办学却毫不吝啬。早在 1937 年夏，他就把多年经营会计师业务所积聚起来的 6 万银元捐作立信会计专科学校基金。在新聘的校董会第一次会议上，他把几十张银行定期存单移交给校董宋汉章接管，以立信名义转存中国银行。到会各校董见潘序伦所拿出的都是一些零星的存单，不是一张整数的支票，了解到这确实是潘序伦多年积蓄，都很赞叹，也在其带动下捐资兴学。

熠熠星辉
——上海高校大师故事

1941 年立信内迁北碚办学，所租校舍房主突然要求立信以 40 万元买下校舍，否则就须在一月之内搬离。潘序伦又多方筹款并将自己所有积蓄和学校积余款一并投入，终于足额买下了校舍。1943 年，潘序伦又以 50 大寿的名义筹款 40 万礼金新建重庆市区的"立信大楼"。

1945 年 9 月，抗战胜利后立信复员返沪，校舍又成问题，潘序伦将长乐路的私宅和出租的三层楼房屋共计 5 幢捐给学校，用作临时校舍。1948 年，潘序伦又将私人美金外汇 1 万元（合当时的金圆券 4 万元）捐出，再加上社会募捐，为学校建立了一座体育馆，命名为"序伦体育馆"。

20 世纪 80 年代立信复校后，潘序伦又将"文革"抄家发还的 8 万元分别捐赠给上海市会计学会作为事业费和复校后的立信会计专科学校设立潘序伦奖学金。

为了立信办学，为了培养更多的会计人才，潘序伦一生中多次将全部积蓄倾囊捐出。正如他在回忆录中所说："取之于社会，用之于社会；取之于会计，用之于会计。这就是我一生聚财、用财的目的和归宿。"

20 世纪 80 年代初，潘序伦主持复办立信，担任中国会计学会顾问、上海公证会计师事务所董事长，为培养会计人才发挥余热。上海市政府十分关心其生活，在华侨新村、康平路、乌鲁木齐南路等处先后 3 次为他安排住房，他总是推辞并表示："本市住房非常紧张，还是把这套住房让给比我更需要的中年知识分子吧！"

1983 年 7 月，上海市有关部门为改善潘序伦的生活条件，给他分配了一套北京西路江宁路口新建高级公寓四居室。潘序伦推辞了政府的安排，这是他第 4 次辞让市政府分配的住房。

在复办的初期，立信的办学条件十分艰苦，面临"无资金、无校舍、无师资"的"三无"困境，潘序伦为立信的校舍、资金、师资多方奔走、殚精竭虑，他誓言："专校（指立信会计专科学校）校舍未落实，绝不为个人安适作打算！"在财政部和上海市政府的共同关心下，1985 年 10 月 26 日，立信中山西路新校舍奠基典礼隆重举行。然而遗憾的是，同年 11 月 8 日，潘序伦先生与世长辞，未能亲眼目睹立信新校舍落成。为了纪念他，立信在中山西路新校园投入使用的同时举行了潘序伦塑像揭幕仪式，潘序伦先

现代中国会计学科的奠基者
——立信教育事业创始人、会计学家、教育家潘序伦

生将永远注视着他念兹在兹的立信。

"潘序伦最后遗愿"是先生一生勤俭办学、教育报国的见证。处于箪瓢陋室的境况，却有毁家兴学的义举，潘序伦高山景行之风堪为今人楷模。

师道感悟

现代会计学宗师，职业教育之楷模。

——李岚清（中共中央政治局原常委、国务院原副总理）为潘序伦先生诞辰 105 周年暨立信校庆 70 周年题词

研究中国现代会计史，有一个名字要永远铭记。他就是被誉为"中国现代会计之父"的潘序伦先生！是他，以仁者的担当、勇者的无畏和智者的拓展，为现代会计发展奠定了坚实的基础，让人们最早感受到了现代会计的魅力。

——王军（国家税务总局局长）为《潘序伦文集》所作序

潘序伦先生在中国现代会计学上的丰功伟绩，令人敬仰，催人奋进。不是天上掉下来的，而完全是后天刻苦奋斗的结果。作者详尽描绘了潘序伦从当年一个迷茫少年，几经蹉跎，最后通向成才之路的几个转折点，难能可贵。从去圣约翰大学深造、赴美留学选拔获第一名、采取"人弃我取"的方针选定会计作为自己的终身职业……可见，潘序伦一旦找准目标，就锲而不舍地勇往直前，义无反顾。在美国哈佛大学留学的两年间，他"没有看过一场电影，也未到餐馆吃过一顿饭，从清晨到深夜，都是在自己租赁的宿舍内或学校图书馆里度过的"，这样的持之以恒，刻苦学习，没有超人的毅力是做不到的，毕业时获得了政治经济学博士学位，奠定了他的会计学基础，之后添砖加瓦，奋斗终身，才成为中国现代会计之父。

——李世平（上海立信会计金融学院原党委书记）为《中国现代会计之父——潘序伦传》所作序

（撰稿：罗银胜、虞晨阳）

熠熠星辉
——上海高校大师故事

现代医学的仁医

——医学家王振义

大师生平：

王振义（1924—），中国工程院院士，国家最高科学技术奖获得者，内科血液学专家，上海交通大学医学院终身教授，瑞金医院终身教授，上海血液学研究所名誉所长。

主要贡献：

（1）1954年起，从事研究血栓和止血，在国内首先建立血友病 A 与 B 以及轻型血友病的诊断方法。

（2）1986年，在国际上首先创导应用全反式维甲酸诱导分化治疗急性早幼粒细胞白血病，在临床上极大地提高了急性早幼粒细胞白血病病人的完全缓解率和长期生存临率，确立了国际医学界公认的白血病治疗"上海方案"，被国际医学界誉为"人类癌症治疗史上应用诱导分化疗法获得成功的第一人"。

（3）1994年，王振义院士获得了国际肿瘤学最高奖——凯特林奖，成为设立一个多世纪以来的凯特林奖台上的第一位中国人。

（4）为中国医学科学界培养了一代又一代精英，先后培养出陈竺、陈赛娟、陈国强 3 位院士，让"一门四院士"传为佳话。

图 19-1
王振义像

熠熠星辉
——上海高校大师故事

但是，当时，真的没有时间考虑个人的得失。我不能眼睁睁地看着我的病人一个个地离开。我越是知道白血病是一个非常凶狠残酷的疾病，我越是想拼命地对着干，想找出一个突破口，哪怕给予一点缓解，延长一些生命，取得一丝一点的微小进步，就算是极大成就。

你们早去早回，一定要抓紧时间，多学一点东西回来。多听，多交流，不要急。第一，他们的语言要掌握；第二，学习他们的技术；第三，要熟悉他们的文化。只有熟悉了他们的文化，才知道他们的技术，才能了解他们的知识背后的为什么，才能创造发展新的理念和技术。这些学习，不是一两年就可以学会了，所以一定要有心理准备，学习一个比较长的时间。时间短，说得不好听，是镀金，新中国成立前也有，出去一两年，拿了医学博士，回

图 19-2
大师剧《清贫的牡丹》剧照

现代医学的仁医
——医学家王振义

国后开业，顶了一个洋博士的牌子，真正临床经验不一定好。

——王振义

师者故事

一、杏林巨擘

王振义，1924 年出生于上海。1948 年毕业于震旦大学医学院，获医学博士学位。2010 年度国家最高科学技术奖获得者，我国著名内科血液学专家，中国工程院院士，法国科学院外籍院士，上海交通大学医学院终身教授，上海血液学研究所名誉所长。曾任上海第二医科大学校长、上海血液学研究所所长等职务。

王振义院士长期致力于血液内科学的教学、医疗和科研工作，先后培养了陈竺、陈赛娟、陈国强等众多顶尖医学人才。王振义开创性地提出了白血病的诱导分化疗法，使这种凶险、高死亡率的急性白血病缓解率达到 95%，五年生存率上升至目前的 92%。联合应用全反式维甲酸和三氧化二砷治疗急性早幼粒细胞白血病，确立了国际医学界公认的白血病治疗"上海方案"，被国际医学界誉为"人类癌症治疗史上应用诱导分化疗法获得成功的第一人"。

王振义先后获得包括国家最高科学技术奖在内的国家级奖项 7 项，省部级科技奖 17 项，以及何梁何利科学与技术进步奖、求是科技基金会杰出科学家奖等荣誉。在国际上，获得肿瘤学界最高奖——美国凯特林奖、瑞士布鲁巴赫肿瘤研究奖、法国祺诺台尔杜加科学奖、美国圣·乔奇癌症研究创新成就奖等国际肿瘤研究大奖。为表彰他所作出的突出贡献，法国政府授予他荣誉骑士勋章。

二、敢于为人先，"诱导分化"第一人

1986 年上海儿童医院的病房里，5 岁的女孩小百灵正躺在病床上，与死神进行着最后的较量。身患急性早幼粒细胞白血病的她，病情凶险，虽经化疗，可依旧被医生诊断为"活不过 7 天"。当年的王振义，已经是一位年届 62 岁的老人，他的夫人谢竞雄——小百灵的主治医生——将女孩的病情告诉了他。王教授大胆地提出了一个治疗

方案——全反式维甲酸诱导分化疗法，诱导癌细胞"改邪归正"，使之成为好细胞。事实上，这种方法当时在国际上也是个独创的全新概念，从未在临床上应用过。尽管当时小百灵已经生命垂危，可医生们依然不敢让她尝试这个治疗方案，许多资深医师都认为，拿这样的新药用于治疗简直是胡闹！"我有勇气，我尊重科学。在尊重科学的前提下，为了救人，值得冒这个险！"就这样，王振义在反对和质疑声中，完成了他对小百灵的救治，创造了奇迹。在使用全反式维甲酸一个星期后，小百灵的体温下降，身体各项指标渐渐趋于正常，终于，死神望而却步，王振义把小女孩从梦魇中拉了回来。面对成功，王教授百感交集。从 1959 年起，他就尝试运用中医原理，研制白血病药物。历经历史变革，离开临床研究，直到 1978 年再次重返临床，遍尝失败滋味，终于找到了攻克急性早幼粒细胞白血病的方法。此后，这种疗法开始在临床上全面使用，首批治疗的 24 例病人中，治愈率高达 90% 以上，使急性早幼粒细胞白血病成为第一种可以治愈的急性白血病。国内外的知名刊物争相报道了这项成果，引起国际医学界的巨大轰动！全反式维甲酸诱导分化疗法在经过 30 多年默默无闻的临床钻研后终于迎来了春天。

三、一门四院士，薪火永相承

王振义不仅是一位医术精湛的医者，也是一位桃李芬芳的伯乐。"我只是想以我绵薄的力量，培养更多的医学事业的接班人"是这位从事教学 60 多年老教授的心声。王振义行医执教 70 年，培养博士 21 名，硕士 34 名。在培养的众多学生中，最为人们所称道的是他的 3 位院士学生——陈竺、陈赛娟、陈国强。他们都是医学界顶级的研究英才，在各自的医学领域中为人类健康奉献、奋斗。全国人大常委会副委员长、卫生部原部长陈竺刚认识王振义时，只有中专学历，但是，独具慧眼的王振义，却相中了这个务实好学的青年，将他收为研究生。现任上海血液学研究所所长陈赛娟则是一位巾帼英雄，她严谨细致，专注于学科研究，深得王振义赏识。除了平日的带教指导，王振义总是倾囊相授，甘为人梯，每一次都坚持把他们列为论文的第一、第二作者，而把自己排在最后。这对学术界来说，是惊人之举。1984 年，王振义又推荐陈竺、陈赛娟远赴法国巴黎第七大学圣·路易医院血液研究所学习。获得法国巴黎第七大学科学博士文凭后，他们毅然选择回国，回到瑞金医院，继续在恩师指导下工作，并最终辟出一块令人

图 19-3

王振义与他的 3 位院士学生

瞩目的基因研究新天地。在事业顶峰期，1996 年，当选工程院院士的第二年，王振义将上海血液学研究所所长的位置交给了 42 岁的陈竺。"人生就像抛物线，有峰顶，也会衰退，一旦进入下降趋势，就要及早地退，让更有能力的人来干。"交大医学院院长、"973"项目首席科学家陈国强是王振义的另一位得意门生，如今也已经成为国际白血病研究领域中的杰出代表。正是王振义的虚怀若谷和无私奉献，创造了"一门四院士"的佳话，也成就了医学界三代杏林英华的清隽风华。

四、博学而切问，近思而致知

王振义虽已是一名医学大家，有扎实的基础医学知识和丰富的医学临床实践经验，仍保有一颗对知识的好奇心和敬畏心，抓住一切机会学习新的理论和技术。2003 年，王振义自创了"开卷考试"式的查房，每周四上午针对学生提出的疑难病例进行分析和答疑，而学生们则对他的回答进行打分。如今 97 岁高龄的王院士，仍坚持这种被他戏称为"开卷考试"的做法。这不仅培养了学生的诊断思路，更给病人带去福音。他每天都要上国际最前

熠熠星辉

　　——上海高校大师故事

图 19-4
每周一次的"开卷考试"

沿的医学网站,浏览最新动态,摘录相关知识,转达给学
生。他说:"我的这些学生现在都是医院的骨干,非常繁
忙,我现在相对空闲了,可以成为他们的眼睛,用我的知
识和经验进行筛选分析,这样可以节省他们的时间。我
带给他们一些新知识,解决了医疗难题,解除病人痛苦,
我很开心。"王振义的勤奋好学和钻研精神不断感染、鞭
策着年轻一代的医生们在医学的道路上不懈进取,勇攀
高峰。

五、仁术济苍生,大爱永无疆

在获得国内、国际奖项无数之后,2010 年,王振义荣
获"国家最高科技奖"这一至高荣誉。面对荣耀,王振义
始终载誉前行,不忘初心。"我对大家有个要求,就是要

在心中播下'大医'的种子，把病人的需要放在首位，要看重事业，看淡名利。至于我自己，我只希望余生能再做些事情。50年过去了，我们只攻克了一种白血病，还有20多种白血病需要我们去攻克，我们还有很多工作要做啊！"

将爱留给病人，是王振义的宗旨。王振义使用全反式维甲酸治疗急性早幼粒细胞白血病取得成功后，没有申请专利，而是将之公开，让更多的患者受益。他总是说："我最喜欢别人对我的称谓是王医生。做医生，要有精湛的医术，最关键的还要有爱心，一定要淡泊名利、勤劳务实。医生一生追求的应该是一种崇高的境界，为人类健康事业作贡献，捍卫生命是一种职责和义务。"

对于病患，王振义也总是给予最大的关怀。他不但拒

图 19-5
王振义工作照

熠熠星辉
——上海高校大师故事

收红包，还给病人倒贴"红包"。半个世纪以来，王振义帮助了多少病患，垫付了多少医药费，寄送了多少生活费，他自己都记不清楚了。

其中有一位名叫楼镑的血友病患者，因为家庭经济拮据，没有及时输注凝血酶原复合物，14 岁就腿残疾了。正在他生活几近绝望的时候，他抱着试试看的心态给王教授写了一封信，诉说自己的发病史、身体状况和残疾情况。虽然未曾谋面，王教授还是及时回信了，并在以后的日子里，与楼镑持续通信和保持电话联系，耐心指导楼镑做好自我保护、如何用药，帮忙寻找凝血因子，积极鼓励他面对生活，还给予他生活上的资助。从 2007 年起，每月资助 2700 元，到 2011 年增加到 3000 元，一直延续至今，已经有 10 余年时间。如今，楼镑已经结婚生子，王振义不仅用高超的医术挽救了楼镑的生命，还用他十年如一日的关爱，帮助楼镑重新树立了生活的勇气和信心。

10 多年来，王振义每年都向上海市慈善基金会捐款 1~2 万元，帮助贫困地区群众。"5·12"汶川大地震后，他委托弟子陈竺，转交了他给四川残疾伤员的 10 万元捐款。2021 年，王振义还把"未来科学"大奖 50 万美金的奖金全部捐给医院设立扶贫基金，帮助有困难的病人就医。王振义坚持慈行善举 30 余年，但是刻意保持低调，他说："善是一个人最基本的要求，我只是一个平凡人，做了大家都在做的平凡的事情。"

王振义家里挂着一幅画——清贫的牡丹。王振义说，牡丹象征着荣华富贵，说明每个人都应该追求更好的生活，这样社会才会进步，而清贫的意思是要用正当的手段来追求，在医学的道路上始终耐得住寂寞，要甘于清贫。

首先要有成为牡丹的理想，做一名医学家；其次是端正学医的目的，学医是为了救人而绝不是为了发财；第三是终身学习，看的病人越多，才发现不懂的更多——这就是王教授对青年医生的希望。

大医精诚，止于至善。王振义用他的行动给至善做了最好的诠释。

97 岁的王振义至今还履行着数十年前毕业时的誓言："余于病患当细心诊治，不因贫富而歧视，并当尽瘁科学，随其进化而深造，以期造福人群。"

这就是我们德为人先，学为人师，行为世范的杏林巨擘——王振义的故事。

师道感悟

以一颗仁心救病患，用一份大爱济苍生。一门四院士，薪火始相承，用生命和热血维护医学的神圣。

——2018年"最美医生"评委会给王振义院士的颁奖辞

从医60多年来，您严谨治学、救死扶伤，不仅在血液学临床和研究等领域进行了多项开创性工作，而且以高超的医术为无数患者带来了福音，为中国医学事业的发展作出了重要贡献，您甘为人梯、德高望重，不仅培养了一大批医学拔尖人才，而且在为人、为医、为师、为学等方面是大家学习的楷模，当代知识分子的杰出代表。

——俞正声（中共中央政治局原委员，上海市委原书记）

王振义教授的学术成就充分说明转化医学研究在中国大有可为，上海血研所四代人，在王振义先生的旗帜下，经过近半个世纪的努力，终于将急性早幼粒细胞白血病基本攻克，而且创立了肿瘤细胞诱导分化治疗的新模式。60年来，您全心专注于医学科学事业，不为繁华所诱，不为利欲所扰，不戚戚于清贫，不汲汲于富贵；您在白血病领域创造性地提出不损伤正常细胞情况下的肿瘤细胞诱导分化治疗理论，并在国际上首创使用全反式维甲酸诱导分化治疗急性早幼粒细胞白血病取得成功，令世界医学界为之瞩目；60年来，您从医济世，救死扶伤，敬业奉献，以慈爱真诚的大医胸怀和高超娴熟的医术医治无数患者；60年来，您教书育人，擎灯引航，呕心沥血，为学生们铺就充满智慧的成长之路，培养了一大批医学临床和科研人才。您是我们的师长，更是在治学、行医、育人、修身方面的表率，您的科学精神、高超医术、师德情操和人格风范是我们终生学习的榜样！

——陈竺（全国人大常委会副委员长、卫生部原部长）

（撰稿：雷禹、祝宇桐）

职教园地的开垦者

——职业教育家严雪怡

大师生平：

严雪怡（1921—2012），中国共产党党员，我国著名职业教育专家，上海市优秀人民教师，原上海电机制造学校校长。

主要贡献：

（1）1952 年，第一机械工业部决定筹建学校，严雪怡任学校筹备处副主任；1956 年任教务副校长。

（2）1958 年起，学校开展"勤工俭学""半工半读"教学改革，对传统教学模式进行大胆探索与革新。学校被评为全国文教战线先进单位，严雪怡代表学校出席在北京举行的"文教群英会"。

（3）1978 年，严雪怡负责复校筹备工作；1979 年任校长。1985 年，学校开始试办五年制技术专科教育。

（4）1987—2012 年，就任上海电机学院顾问，致力于职业教育事业直至辞世。

图 20-1
严雪怡像

熙熙星辉
——上海高校大师故事

师魂唱响

我一往情深地耕耘在职业技术教育这片热土上，无论是风华正茂还是鹤发满头，我用心浸润着每一棵草木，滋育着每一名学子。我坚信，人才本无高下之分，只要我们的教育理念是以人为本的，人才培养方向是正确的，同时又是能坚持优良价值观的，那么，我们的教育就能保持长青。

车间开进了校园，机声隆隆。八级工、七级工们纷纷进驻校园，指导学生生产。学生迈出教室进车间，出了车间回教室，他们经常来不及换工作服又坐进了课堂。那时车间实行"三班倒"，深夜时分，校园工厂依然灯火通明。许多学生下班后"赖"着不走，就是为了找八级工开开小灶。"学校中有工厂，工厂里有课堂"，我们的学校为国家建设和工业发展培养了一批批急需的技术人才。

——严雪怡

图 20-2
大师剧《严雪怡》剧照

职教园地的开垦者
——职业教育家严雪怡

师者故事

一、新中国职业技术教育的守望者

严雪怡出生于 1921 年，毕业于东吴大学，是我国著名的职业技术教育研究者与实践者，先后被聘为全国职业技术教育研究会筹备组副组长，中央教育科学研究所兼职研究员，机械工业部中等专业教育研究会副理事长，中国职业技术教育学会理事、学术委员会委员，上海职业技术教育研究所学术委员会委员，华师大教科院职成教所研究员等，其百余篇学术研究成果，在职业技术教育领域产生了广泛影响并享有盛誉。他所倡导的"学校中有工厂，工厂里有课堂"的办学模式受到当时的国家领导人刘少奇的高度赞赏。

严雪怡 1941 年参加革命工作，1950 年加入中国共产党，1953 年起筹建上海电机制造学校，历任上海电机制造学校副校长、校长，上海电机制造技术专科学校、上海电机技术高等专科学校、上海电机学院顾问，是上海电机学院办学特色的缔造者和学校办学优势的奠基者，2012 年病逝于上海。

严雪怡是我国职教事业的先驱者，是职业技术教育的实践者，是职教研究与时俱进的思想者。职业技术教育研究与实践是严雪怡的终生所爱。在 60 余年的职业教育实践中，严雪怡通过理性的思考和潜心的研究，形成了丰富而深邃的职业教育思想，历经风风雨雨的洗炼，凝结为一篇篇闪烁着智慧和睿智的文字，共出版专著 4 部，发表学术论文百余篇，《严雪怡文集》被评为中国职业技术教育学会研究成果奖三届中的唯一一个特等奖。

1987 年，严雪怡退休了。同事们劝他，辛苦了几十年，可以歇歇了。可他却说："我事业的黄金时代才刚刚开始呢！"他心里一直有个"安安静静做学问"的情结。那么多年，在校长位置上忙来忙去，很少有机会像一位学者那样，静下心来研究学术问题。

80 岁那年，他开始学习用电脑写文章、上网查资料。"职教界许多比我年轻的朋友都用上了电脑，我必须学会，才能方便地获得最新信息，与他们交流。"

临终前两个月，93 岁的严雪怡在首期《职教论坛》发表生前最后一篇论文《必须高

熠熠星辉
——上海高校大师故事

度重视我国技术本科紧缺问题》。他晚年关于技术本科教育、技术创新与技术创新人才的培养等方面的研究，紧跟时代前进的步伐，从理论与实践相结合的角度深入思考职业技术教育，引领职业技术教育的未来发展。与此同时，严雪怡先生的研究成果推动了技术教育从中专到高专，再到技术本科、专业硕士的不断发展与跃升。他所创建的电校，在技术教育的实践中不断发展壮大，不断实现新的突破，成为我国大陆技术本科教育的开拓者、先导者，并成功地举办了硕士研究生层次的教育，创造了技术教育的"上海奇观"。

二、开垦职业技术教育新园地

新中国成立之初，百废待兴。1952年，为了给新中国的机电产业培养更多技术人才，第一机械工业部决定在上海创办一所专门学校，正在华东电工局任职的严雪怡被委派筹建上海电器制造学校。

那时的严雪怡刚满30岁，有一股子热情和干劲。一接到调令，他便辞别新婚燕尔的妻子，全身心投入学校筹建工作。为了建校，他把校区图纸改了一稿又一稿；为了建校，他亲自带着教职工搬砖头、运沙泥，后来索性在工地上搭了帐篷；为了建校，他四处探访技术能手，想方设法聘请各行名师；为了建校，他硬是把凯洛夫的《教育学》和冈察洛夫的《世界教育史纲》读了一遍又一遍，他要尽快完成一个新时代教育工作者的转型。

在严雪怡和同事们的努力下，1953年9月，上海电器制造学校（后改名为上海电机制造学校）如期开学，严雪怡被任命为新学校的副校长，主持全校教学工作。

3年后，学校初具规模，第一批毕业生步入社会。但是，负责接收这批毕业生的电机厂却向严雪怡反映：许多毕业生的动手能力不强，光有书本知识，不懂生产实践，个别人甚至毕业半年后都不能进车间独立操作。

严雪怡着实着了急，他下决心要改革学校的教学方式。驻校苏联专家叶尔绍夫却认为，学校起步不久就提改革有点不切实际，应当遵照苏联模式按部就班地做下去。但严雪怡坚持，我们之所以办学，就是为了给新中国培养急需人才，如果我们送出去的毕业生不能派上用场，学校的教学模式就必须改革。

怎么改？当时，机械工业部一位领导正好来上海考察，严雪怡马上找到他，谈了自己的想法——学校想搞个生产厂，把教学与生产结合起来，解决理论脱离实际、学生动手能力差的问题。机械部决定，把上海电机厂生产小电机的任务划给了上海电机制造学校。

一开始，严雪怡有点担心，毕竟是学生，能保质保量地生产出产品吗？结果出乎意料。一边学习，一边"真刀真枪"地实践，学生的积极性和责任心大增。迈出教室进车间，出了车间回教室，学生经常来不及换工作服，就坐到了课堂里。车间实行"三班倒"，深夜时分，依然灯火通明。许多学生下班后"赖"在车间不走，向工人师傅学习怎样改良产品。1958年3月，学校电机生产开工，两个月后，100台电机产品就下线了。在机械部的指导与支持下，学校实施的"教育与生产劳动相结合"教学改革取得了喜人的成效。

正是在这一年的8月，毛泽东主席在视察天津大学时指出，学校要把教育和生产劳动联系起来，学校要办工厂，工厂要办学校。刘少奇同志也在中共中央政治局扩大会议上提出半工半读的学校教育制度和半工半读的工厂劳动制度的说法。

也是在这一年的10月，刘少奇同志还亲临上海电机制造学校视察，对严雪怡等人探索的办学模式予以了充分肯定，并作了"学校工厂合一，教学生产并重"的指示，叮嘱学校要进一步深化改革试验。刘少奇说："电校的模式好，好就好在电校的学生不光有知识，更能下工厂干活，而且干得了苦活、干得出好活。建设现代化的工业就需要这种能把学校知识实实在在用到工厂实践中的人才。"

刘少奇来校视察，对学校师生员工的鼓舞很大。为了落实"学校工厂合一，教学生产并重"的指示，学校决定把专业科与实习工厂的有关生产小组合并，逐步实行每个专业科有一个生产车间，生产某种与专业相关的产品。1959年，新车间建成，学校生产工厂的面积扩大，机器设备增加到80台，全年生产电动机台数容量8万多千瓦，比1949年全国总容量还多2万千瓦。实现4年经费自给，不要国家拨款，还每年上交10万元给市财政局。

严雪怡还积极鼓励教师搞教改。20世纪60年代初，教师蔡德泰在给学生上电机

熠熠星辉
——上海高校大师故事

维修课时发现，课堂上"纸上谈兵"效果不佳。蔡老师请教工厂老师傅，电机通常会发生哪些故障，怎样处理。在严雪怡的支持下，蔡老师结合生产实际，大胆给教材"动手术"，他还提出，能否将教室与实验室"二合一"，课堂上边讲边练？严雪怡马上拍板，拨出 3000 元"武装"教室，每个学生课桌上配置电源、仪表、电机，教学中讲练结合，有效性大大提高。"蔡德泰教学法"很快闻名全国。

"迈出教室进车间，出了车间回教室；学校里有工厂，工厂里有学校"，严雪怡心中的职业技术教育蓝图变为现实。电校毕业生越来越受欢迎，电校的口碑越传越远，教育部和机械部领导纷纷来校调研考察，《人民日报》还通篇报道了电校的育人经验。

"学校工厂合一"的教育新模式，还吸引了全国各地的同行前来"取经"，其中不乏重点大学校长和教授。严雪怡不解，问一位重点大学的校长："你们这么好的大学到我们这儿来学啥？"对方答："我们的教育特别是理工科教育，也存在脱离生产实际的毛病。理论结合实际，你们的探索走在了我们前面啊！"

三、引领职业技术教育新发展

无论何种境遇，严雪怡对职业技术教育始终"痴心不改"，对教育改革与创新始终热情高昂。

特殊年代，上海电机制造学校遭受了毁灭性打击。1978 年，严雪怡接受任务，主持学校重建工作。从 20 多年前的筹建到如今的重建，从 20 多年前风华正茂的小严校长到历经风霜的老严校长，严雪怡百感交集。当他从一位老校工手里接过那块在"浩劫"中被抢救下来的校牌时，他把所有的悲喜都化作一声高喊："让我们从头开始！为国家再建一个新的、更好的电校！"

积蓄已久的责任感和对教育事业无比的热忱，让这位年逾花甲的老校长重新焕发青春。为找回被遣散到各地 100 多个工厂的教师，严雪怡和同事们一个单位一个单位登门；为取得被占用的校区校舍，严雪怡一个部门一个部门协调……几个月下来，老校长累得都脱了相。但他说："为了电校的重建，一机部部长专门做了批示'事在人为'。我们电校的传统就是脚踏实地、敦笃力行，只要少说多干，如期复校一定能够做到！"严雪怡没有让急等着用人的部领导失望，他克服重重困难，实现了"当年重建、

职教园地的开垦者
——职业教育家严雪怡

当年招生"的目标，还正好赶上当年改革开放的春风，及时为新时期国家建设培养了可用之才。一机部部长不禁感慨："不愧是响当当的'老典型'！不愧是说到做到的'好电校'！"

复校的过程是艰辛的，但也让严雪怡体验了几代电校人的温暖。校友们捐钱捐物、跟着老校长一起多方奔走，教师们亲自动手，修补老校舍、修理教学用具。

刚复校时，有些教室没有课桌椅，老师带着学生席地而坐，学生们垫着膝盖记笔记；宿舍紧缺，没有空床铺，学生干部就主动搬到教室里打地铺；厕所失修不能使用，只能用粪桶代替，师生们就轮流倒粪桶、一起搞卫生；食堂还来不及重造，校领导带头改装了几辆人力三轮车，派专人为师生送水送饭……

百废待兴之时，严雪怡一边重整学校，一边又开始思考改革之事。怎样给学生创造更多实践机会？20世纪80年代初，学校与上海重型机器厂、上海汽轮机厂等多家企业签订"厂校协作办学"协议，大批学生进入企业实习。

协议虽然签了，但学生在企业却难以取到"真经"。因为工厂里实行计件工资，如果让学生来做，老师傅怕耽误工作。严雪怡开导学生："我们不能光向工厂提要求，要积极为工人师傅服务。"学校规定，学生无论到哪个单位实习，都要负责一定的卫生工作和泡开水任务。

于是，许多工厂都出现这样的场景：工厂还没开门，上海电机制造学校的学生就已候在门外，门一开，他们便抢着到车间打扫卫生、泡开水、整理工具和零部件。工人师傅们被学生的勤快和热情感动了，手把手地教起了他们。有些车间专门抽出时间给学生讲解生产技术，尽可能腾出一些机床让学生动手操作。

节假日、寒暑假，严雪怡几乎天天"泡"在学校，除去日常工作外，就是琢磨怎样改进教学。学生要做不少实验，但这些实验都是"点缀"在教材中的，主要为了验证书上的原理。而实际生产中，经常需要技术人员自主设计实验、安装仪器设备。职业技术教育如何提高学生的实验能力？这个问题一直困扰着严雪怡。

1980年，严雪怡结合自身教育实践，发表了关于新中国成立以来职业教育现状及未来发展的论文，提出"必须重视培养应用科技人才与技术人才"的观点，引起了教育部的重视，并点名指派他参加了当年中国职教代表团访美之行。在考察中，严雪怡发现，美国一些学校，老师不是讲课讲到哪里，就联系课本做实验，而是将实验单独开课，教学生使用和选择各类仪器设备，独立设计实验。这个做法让严雪怡眼睛一亮，回来后马上推广。

实验课成了学生探索的乐园。老师出题："这是企业新生产的电机设备，质量好不好，请你当一回检测员。"学生们顿时忙开了：设计实验路径，准备实验器材，构建实验装置，写下实验数据和分析报告……实验单独开课的教学模式，后来在全国职教系统推广。课程改革，激发了学生的创新潜能。济南一家机床厂请学校帮忙制造电气控制设备，并附上图纸。学生们并未依瓢画葫芦，而是以"准技术员"的姿态，对这份图纸提出改进意见，如怎样走线更加安全，如何节省原材料，如何方便维修……许多

图 20-3
严雪怡（前排左四）主持国家教委职业技术教育体系课题研究成果论证会

职教园地的开垦者
——职业教育家严雪怡

"金点子"被企业采纳，重新修改了图纸。

严雪怡耕耘的教改"试验田"上，新苗一茬接一茬。1985年，上海电机制造学校试办五年制技术专科。严雪怡探索新模式：中职与高职衔接，学生读了两年中职后，经选拔，一部分升入专科再读三年；其余学生再读两年，完成中专专业。这种"四五套办"模式成为全国职教典型。

21世纪，严雪怡根据社会经济发展新形势，借鉴联合国教科文组织的教育分类标准，从培养目标、教学计划、课程内容、实践教学等方面对"职业教育"和"技术教育"以及"工程教育"和"技术教育"进行了本质区分。他鲜明指出，技术教育是一种类型，而不是一种层次，它与职业教育、工程教育只有类型的差异，而没有质量上的差别。只要定位正确，技术教育也能办成一流的教育。后来，随着我国技术教育的学制逐步高移，国内许多技术专

图 20-4
严雪怡晚年任上海电机学院顾问时，再次提出"办学特色是学校的生命线"的口号

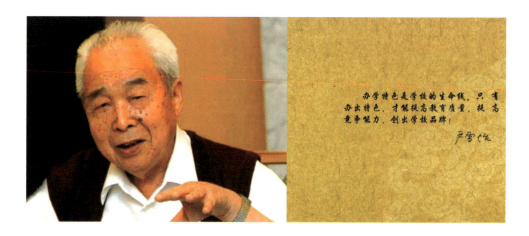

熠熠星辉
——上海高校大师故事

科学校纷纷"升本"。严雪怡又敏锐意识到，"升本"不能"忘本"，专科院校职业技术教育的特色不能丢。在论文中，他写道："新升本的院校，就像处于劣势的小厂，要与技术力量强、设备条件好的大厂竞争，就必须生产有特色的产品。""上海电机学院作为技术本科院校，培养的毕业生不能满足于完成企业的单项任务，还要具备自我发展和独立学习能力、认识问题和解决问题能力等。"观点精要，一针见血，为新时代职业技术教育的发展创新指明了方向。

师道感悟

严雪怡先生是上海电机学院学校精神文化的典型代表，他献身祖国教育事业，为人正直，平易谦逊，是一位虚怀若谷、平等待人的宽厚长者；是一位为人师表、桃李满天下的严谨师长；更是一位满腔热情帮扶后学、甘为人梯的慈爱尊长。

——《电机精神的守望者——严雪怡先生九十华诞纪念册》序言

在演出中对于人物心理的细细揣摩也进一步加深了我们对校史的了解和对电机学院今日发展之不易的感慨，明白了老校长和众老师是如何以身作则，言传身教地贯彻"明德至善，博学笃行"的校训，明白了培养实践操作人才所经历的酸甜苦辣。

——张佳逸（大师剧《严雪怡》剧中"陈赓阳"扮演者、英语 1911 班学生）

（撰稿：吉文斌）

职教园地的开垦者
——职业教育家严雪怡

参考文献

［1］陈振新.任道远，望初心｜纪念陈望道先生逝世 40 周年［EB/OL］.（2017-10-29）［2021-06-01］. https：//mp.weixin.qq.com/s?__biz=MzA3ODM3ODExNw==&mid=2652348594&idx=1&sn=a5e1109b9 c791ba6ed70daf158e5fccb&scene=21#wechat_redirect.

［2］陈振新，周晔.复旦大学老校长陈望道与《共产党宣言》首译本［EB/OL］.（2016-07-29）［2021-06- 01］.https：//mp.weixin.qq.com/s/z-EpyinbfUEwsphVa7iuHg.

［3］李良荣，周玉桥.在不断探索中建构新闻学的学术话语体系［J］.新闻大学，2019（10）：46-54.

［4］陶诚华.陈望道：马克思主义信仰的传播者、坚守者与实践者［J］.百年潮，2019，255（03）：60-66.

［5］吴才唤.陈望道的信仰与学术人生［J］.党政论坛，2019（01）：62-63.

［6］陈振新.复旦人的百年记忆：国福路 51 号［N/OL］.（2005-09-24）［2021-06-01］.http：//edu.sina. com.cn/y/news/2005-09-24/104944863.html.

［7］陈瑜.礼赞大师｜陈望道：一位语言学家的本心［EB/OL］.（2019-09-30）［2021-06-01］.http：// www.whb.cn/zhuzhan/xueren/20190930/292598.html.

［8］晓雪.陈望道与复旦新闻系的不解情缘［EB/OL］.（2009-11-06）［2021-06-01］.https：//news. fudan.edu.cn/2009/1106/c63a66976/page.htm.

［9］陈振新.党史上的一本书、一个人和一个时间［EB/OL］.（2019-01-18）［2021-06-01］.https：// mp.weixin.qq.com/s/PZMShWfnXqexH50LPwsFLA.

［10］复旦记忆.陈望道的复旦印记——纪念陈望道诞辰 128 周年［EB/OL］.（2019-01-18）［2021-06- 01］.https：//mp.weixin.qq.com/s/gxoVrhjPCk11cj5Uk009TA.

［11］复旦记忆.陈望道与校庆日［EB/OL］.（2018-05-27）［2021-06-01］.https：//mp.weixin.qq.com/ s/0rCVjOUdxWYxsEsWvwkLpg.

［12］陈洁.四月追风｜给你一张过去的 CD，听听那时复旦的故事［EB/OL］.（2017-04-30）［2021-06- 01］.https：//mp.weixin.qq.com/s/nE38Yf-j8Di0K_ddlAQ44Q.

［13］复旦大学任重学院.肩负重任，追望大道｜纪念陈望道先生逝世 40 周年［EB/OL］.（2017-10-29） ［2021-06-01］.https：//mp.weixin.qq.com/s/QnMdYP2pD4QGAytQHEsXeQ.

［14］上海交通大学出版社.民族之魂——人民科学家钱学森的精神风采［M］.上海：上海交通大学出版社，

熠 熠 星 辉

—— 上 海 高 校 大 师 故 事

2009.

[15] 叶永烈 . 走近钱学森 [M] . 上海 : 上海交通大学出版社 , 2009.

[16] 霍有光 . 钱学森年谱 : 初编 [M] . 西安 : 西安交通大学出版社 , 2011.

[17] 钱永刚 . 钱学森精神读本 [M] . 上海 : 上海交通大学出版社 , 2019.

[18] 程国政 . 桥梁大师李国豪 [M] . 上海 : 同济大学出版社 , 2011.

[19] 程国政 . 李国豪 [M] . 上海 : 同济大学出版社 , 2013.

[20] 程国政 . 李国豪与同济大学 [M] . 上海 : 同济大学出版社 , 2007.

[21] 周谷平 . 纪念著名教育家孟宪承教授逝世三十周年 [J] . 华东师范大学学报 (教育科学版) , 1997 (3) : 73-79.

[22] 俞立中 . 师范之师 : 怀念孟宪承 [M] . 上海 : 华东师范大学出版社 , 2007.

[23] 孟蔚彦 . 我的祖父孟宪承 [EB/OL] . (2015-12-04) [2021-06-01] .https : //www.ecnu.edu.cn/_ s64/02/79/c1851a66169/page.psp.

[24] 孟宪承 . 孟宪承讲录 (一) (二)·孟宪承谈话录 [M] . 上海 : 华东师范大学出版社 , 2010.

[25] 谭琦 . 姜椿芳校长传 [M] . 上海 : 上海外语教育出版社 , 2019.

[26] 孟庆和 . 译坛泰斗姜椿芳 [J] . 档案春秋 , 2010 (3) : 8-12.

[27] 季羡林 . 君子如玉——季羡林谈文化大师 [M] . 北京 : 现代出版社 , 2016.

[28] 袁媛 . 钱宝钧与中国现代化纤业 [D] . 上海 : 东华大学 , 2010.

[29] 中国科学技术协会 . 中国科学技术专家传略 . 工程技术篇 . 纺织卷 .1 [M] . 北京 : 中国纺织出版社 , 1996.

[30] 刘淇恩 . 刘湛恩文集 [M] . 上海 : 上海交通大学出版社 , 2011.

[31] 刘王立明 . 先夫刘湛恩先生的死 [M] . 香港 : 商务印书馆 , 1939.

[32] 章华明 . 刘湛恩纪念集 [M] . 上海 : 上海交通大学出版社 , 2011.

[33] 陈琳 . 刘王立明年谱 [M] . 合肥 : 安徽大学出版社 , 2018.

[34] 曾艳 , 谢长法 . 刘湛恩研究综述 [J] . 上海理工大学学报 (社会科学版) , 2018 (03) .

[35] 崔华杰 . 传教士与中国历史研究 : 以《教务杂志》为中心的量化考察 [J] . 社会科学论坛 , 2011 (3) : 50-62.

[36] 卫太夷 . 我国航海学家、教育家陈嘉震教授 [J] . 航海 , 2011 (01) : 32-34.

[37] 陈嘉震 . 航用天体高度方位表 [J] . 大连海运学院学报 , 1957 (02) : 15-23.

[38] 王梅初 . 音乐大师贺绿汀 [M] . 长沙 : 岳麓书社 , 1998.

[39] 贺逸秋 , 贺元元 . 我的父亲贺绿汀 [M] . 杭州 : 浙江摄影出版社 , 2003.

[40] 顾振辉 . 凌霜傲雪岿然立 [M] . 上海 : 上海交通大学出版社 , 2015.

[41] 林碧珍 . 熊佛西评传 [M] . 南昌 : 江西高校出版社 , 2001.

[42] 上海戏剧学院熊佛西研究小组 . 现代戏剧家熊佛西 [M] . 北京 : 中国戏剧出版社 , 1985.

[43] 陈方 . 现代戏剧教育家熊佛西 [M] . 上海 : 上海教育出版社 , 1999.

［44］蔡龙云.琴剑楼武术文集［M］.北京：人民体育出版社，2007.

［45］邱丕相，郭玉成.丹心精论 高岸深谷——漫谈武术泰斗蔡龙云先生对中国武术的贡献［J］.上海体育学院学报，2016，40（01）：1-3+20.

［46］张路平.蔡龙云武学思想研究［D］.上海：上海体育学院，2011.

［47］刘佳瑜，邵寅强.毕业歌·启航——武术学院举行毕业典礼送别2014届学生.（2014-06-18）［2021-06-01］.http：//www.sus.edu.cn/info/1007/8543.htm.

［48］戴国斌.杂技｜云天深处见龙腾——写在蔡龙云诞辰九十周年之际.（2019-11-29）［2021-06-01］.https：//mp.weixin.qq.com/s/rygEDXlRzz9PVnT2NYiOFw.

［49］何勤华.华政的故事（十五）——共和国法治建设的侧影［N］.法制日报，2019-07-24（09）.

［50］王伟红.抗战时期震惊全国的"黄克功事件"［N］.中国档案报，2019-11-05（01）.

［51］叶骏.朱元鼎传［M］.上海：上海人民出版社，2020.

［52］崔槐青.卓著的业绩 高尚的品格——记上海水产学院名誉院长朱元鼎［J］.中国水产，1983（04）：30-31.

［53］翟军.著名鱼类学家朱元鼎［J］.今日浙江，2004（20）：45.

［54］冯秀芳.钱伟长的治学理念与教育思想［M］.上海：上海大学出版社，2007.

［55］庄炎林.走近钱伟长［J］.海内与海外，2015（7）.

［56］曾文彪.钱伟长与上海大学［M］.上海：上海大学出版社，2010.

［57］钱伟长.钱伟长文集［M］.上海：上海大学出版社，2013.

［58］谢建群，陈凯先.忆鸿儒大医 承中医瑰宝——国医大师裘沛然先生纪念册［M］.上海：上海中医药大学出版社，2011.

［59］上海市卫生计生委.名医大家［M］.上海：文汇出版社，2011.

［60］裘沛然.裘沛然选集［M］.上海：上海辞书出版社，2004.

［61］刘普.廖世承教育思想研究［D］.保定：河北大学，2007.

［62］陈履伟.独立的见解，调和的精神——廖世承教育思想和实践的当代意蕴［J］.江苏教育研究，2012（19）.

［63］汤才泊.廖世承教育思想论稿［M］.北京：人民教育出版社，1997.

［64］汤涛.廖世承校长与光华大学［M］.上海：上海人民出版社，上海书店出版社，2018.

［65］历史不容篡改——访法学家、原远东国际军事法庭助理检察官裘劭恒［N］.人民日报，1982-08-08（4）.

［66］郑善龙.东京审判中的裘劭恒［J］.前进论坛，2006（10）：26-28.

［67］陈凤.裘劭恒：如山铁证剑指日军暴行［N］.人民法院报，2015-09-03（23）.

［68］罗银胜.中国现代会计之父：潘序伦传［M］.上海：立信会计出版社，2017.

［69］朱坚强.中国现代会计之父——潘序伦［M］.上海：立信会计出版社，2013.

［70］林天宏.潘天伦：从浪子到大师［N/OL］.（2010-06-09）［2021-06-01］.http：//zqb.cyol.com/content/2010-06/09/content_3270661.htm.

［71］杨伟国，瞿介明.回眸广慈［M］.上海：上海交通大学出版社，2017.

熠 熠 星 辉
—— 上 海 高 校 大 师 故 事

[72] 闵建颖. 医源大家[M]. 上海: 上海交通大学出版社, 2017.

[73] 陈挥. 走近王振义[M]. 上海: 上海交通大学出版社, 2011.

[74] 王铁峰. 王振义——一位令全球医学界震惊的人[J]. 求医问药, 2011 (07): 22-23.

[75] 郭扬. 忆念职教研究的楷模严雪怡先生[J]. 职业论坛, 2012 (13): 4-7.

[76] 孙慧. 一位耄耋老人的思想追求——严雪怡先生与当代职业教育研究[J]. 职业技术教育, 2009 (33): 70-73.